T0086291

EL RINCÓN DE MIS PENSAMIENTOS

EL RINCÓN DE MIS PENSAMIENTOS

MANUEL HURTADO E.

Copyright © 2021 por Manuel Hurtado E.

Número de Control de la Biblioteca del Congreso de EE. UU.:   2021923210
ISBN: Tapa Dura   978-1-5065-3920-1
             Tapa Blanda   978-1-5065-3921-8
             Libro Electrónico   978-1-5065-3919-5

Todos los derechos reservados. Ninguna parte de este libro puede ser reproducida o transmitida de cualquier forma o por cualquier medio, electrónico o mecánico, incluyendo fotocopia, grabación, o por cualquier sistema de almacenamiento y recuperación, sin permiso escrito del propietario del copyright.

Las opiniones expresadas en este trabajo son exclusivas del autor y no reflejan necesariamente las opiniones del editor. La editorial se exime de cualquier responsabilidad derivada de las mismas.

Información de la imprenta disponible en la última página.

Fecha de revisión: 15/11/2021

Para realizar pedidos de este libro, contacte con:
Palibrio
1663 Liberty Drive
Suite 200
Bloomington, IN 47403
Gratis desde EE. UU. al 877.407.5847
Gratis desde México al 01.800.288.2243
Gratis desde España al 900.866.949
Desde otro país al +1.812.671.9757
Fax: 01.812.355.1576
ventas@palibrio.com
836920

Prólogo

Darme la oportunidad de escribir algo sobre un autor extraordinario y a una de sus obras literarias extraordinarias es un gran honor que no pude rechazar y, de hecho, me ha desafiado a hacerlo con lo mejor de mis conocimientos y sentimientos, y con una opinión imparcial.

Este gran escritor ha escrito varias obras literarias utilizando su talento único para construir una historia según su pensamiento, sentimiento, conocimiento y punto de vista de diferentes acontecimientos, personas, lugares y experiencias. Es una persona común a los ojos de la gente, pero está haciendo obras extraordinarias de arte en la literatura que entusiasman a los lectores utilizando su técnica única para escribir historias en forma de prosa y poesía que da vida a la obra.

Las obras más notables del autor son los siguientes: "La Patria es Primero", "El juramento", "Margarita y su Cuba adorada", "Mis pensamientos", "Más de mis pensamientos", "Un Mundo de Pensamientos", "Algo mas de mis Pensamientos", y "En el otoño de mis pensamientos". Y él no deja de escribir más obras a pesar de que ha sufrido tanto emocionalmente, mentalmente, y físicamente por su mala salud.

En este año 2021, mi gran verdadero amigo, muy humilde y autor nuestro, el Ing. Manuel E. Hurtado, ha dado otra vida a la escritura bautizando a su nueva obra maestra de pensamientos intitulado, "El rincón de mis pensamientos" en donde él está dando importancia a todo lo que está pasando en este mundo durante la pandemia del COVID19. También, expresando su sentimiento y simpatía no solamente a su patria amada, México sino también a toda la raza humana.

Alberto Loyola
Professor IT- CTU Philippines, Asesor Editorial

¿Amar o llorar?   25-06-19

¿De que sirvió amar tanto?
si todo ha sido una destrucción de mis sueños,
esperé tanto de quien le dediqué mi vida,
que hoy es mi pregunta ¿De que sirvió?,
amé, luché, proveí de todo y ¿Qué logre?,
la vida hoy me cobra con grandes pagos,
porque hoy no puedo aceptar todo lo que he perdido,
porque dí todo mi ser a cambio de amor,
pero hoy la tristeza y el fracaso me agotan,
hoy lloro por el dolor que me causa cada latigazo,
porque cada latigazo es de quien le dí todo de mí,
hoy mis hermanas, mi madre y todos me golpean,
porque hoy siento cuánto daño hice,
porque para ellos fué daño, no ayuda,
hoy las lágrimas y el dolor me agobian,
hoy es mucho el pesar por quienes les dediqué mi vida,
porque a ellos no les importé en nada,
sólo se dedicaron a ignorarme en todo,
por eso hoy pregunto ¿Qué debo esperar de la vida?
Porque hoy mis lágrimas de nada sirven,
hoy se han ido a quienes tanto amé,
y hoy no encuentro respuestas de ellos,
me esforcé tanto por ellos,
¿Y todo para qué?
Para acabar llorando cada día por mis fracasos,
porque así siento mi vida,
sólo fueron fracasos a cada instante vivido.

Amarte

07-06-19

Por tí partí en mi pasado para encontrarte,
sí, a encontrar la mujer celestial que eres tú,
porque a tu lado los dolores y las tragedias desaparecen,
en tí la pasión y el deseo florecen con tu belleza,
yo no podre ya vivir sin tí,
repasar cada momento a tu lado es vivir para mí,
a tu lado la fé se engrandece con mis plegarias,
en ti bajó del cielo lo más grandioso a mi vivir,
hoy cada momento contigo es vivir en el paraíso,
hoy si puedo ver que a tu lado sólo hay vida,
que si la muerte llega a mí nunca lo sabré,
porque a tu lado la eternidad del amor ha llegado a mí,
¿Cómo no expresar cuánto he de amarte?
Las flores y las aves se enriquecen de esplendor a tu lado,
sólo belleza y amor derramas tú,
el misterio del amor lo tienes en tu ser,
sólo a tu lado es conjugar el amor y la vida,
nada me falta contigo en mi vivir,
la hermosura del amor y la ternura está en tu ser,
no puedo partir de esta vida sin reconocer en ti,
cuán maravilloso y glorioso fué y será el amarte.

¿Vivir con música?   17-06-19

Hoy nuevamente las tragedias me golpean,
¿De qué estaré hecho? que no las puedo vencer,
Nuevamente, otro de mis más grandes amores sufre,
sufre porque a punto estuvo de sufrir una gran tragedia,
un accidente que nos hubiese dejado en lo peor de nuestro vivir,
no sé qué es lo que arrastró en mi vivir,
¿Pagar con demasiado sufrimiento culpas de lo que no hice?
¿Porqué mi vida ha sido eso, sufrir por lo que nunca hice?
¿Cómo saber? Hoy sólo me refugio en mi ansiedad por vivir,
pero vivir sin dolor ni angustias,
como ha sido la mayor parte de mi existencia,
desde que nací, mi vida se tornó en incógnitas,
mis padres sin demostrarme amor,
nacer en un día en el que nunca fue para festejarme,
vivir discriminado por todos,
ser repudiado por mucha gente,
tantas y tantas cosas que también amargaron buena parte de mi vivir,
hoy las letras adornadas son mi mejor refugio con música,
y vivo esperando que cada amanecer traiga tranquilidad,
y que al anochecer no me invada la tristeza por nuevas tragedias,
mi vivir se llenó de grandes aventuras para mí,
pero muchas no fueron emocionantes sino difíciles,
difíciles de soportar pero la mayoría inolvidables,
por eso hoy algo de fortaleza guardo para soportar mi vivir,
aunque sigo sintiendo ese repudio de la gente hacia mí,
pero lleno de esperanzas para que la suerte me favorezca,
con más momentos de alegrías y sonrisas.

¿Reflexiones?   12-05-19

¿Es la música el fondo de mi vida?
Porque para mí es ella la que engrandece mi pensar,
sólo puedo llenar mi corazón con música y amor,
y así llenarme de emociones e ilusiones,
porque no es posible cargar tanta amargura en nuestro vivir,
para decir que en nosotros hay vida,
porque a diario veo la tristeza que da la maldad,
porque sólo dolor produce en nosotros la violencia,
sí, de ésa con que los demás torturan a la gente con su egoísmo,
por eso no es posible vivir pensando que no existe la envidia,
porque hasta en nuestros familiares y amigos existe la crueldad,
por eso pregonando por el mundo debemos desaparecer la maldad,
sólo la música dá el encanto de vivir con amor,
es la música la que nos dá comprensión y ternura para dar amor,
porque hasta la muerte, nuestra misión es amarnos los unos a los otros,
y nunca deberá ser el de destruir sino el de construir,
y cada día, cada instante sólo pensar en dar amor,
sí, en darnos los unos a los otros amor,
no debemos sólo pensar en el odio,
ése que nos alimenta a todos para vivir con rencor,
porque la vida está llena de vida y no de crueldad,
el pensar en cuánta vida podemos extender sin odios,
ésa debe ser nuestra misión en la vida y no el repudiarnos,
¿Cómo puede ser el no amarnos y que sólo nos odiemos?
No, no debe existir en nuestros corazones y mentes el odio.

Dudas en el alma   23-03-19

¿Cómo liberar mi alma y mi ser de la tristeza?
si como dicen que el respeto al derecho ajeno es la paz,
si todos los días veo y leo como los seres humanos se matan,
sí, por miles y a veces por millones,
y mi pregunta es ¿Cuál es el motivo?,
si todos somos hijos de Dios,
si todos somos hijos de los mismos padres (Adán y Eva)
¿Habrá alguna forma de explicarlo?
Ver cómo millones de seres humanos han muerto,
unos por obedecer a sus gobernadores,
y otros víctimas de esas órdenes,
¿Quién tuvo o tiene la razón para matarse los unos a los otros?,
¿Quién? El ser humano presume de inteligencia y sentimientos,
Y también de amor a sus semejantes,
¿Quién o qué puede influenciar tanta maldad?
Cuando todos decimos ser hijos de Dios,
Dios que nos creó para engrandecer su obra, "El Mundo"
este mundo tan maravilloso que nos dió,
un Mundo sin Fronteras, Gobiernos, Banderas, Idiomas, Razas
¿Cómo poder librarme de tanta angustia?
Si no veo ninguna solución,
El nos dijo "Amáos los unos a los otros"
y sólo veo que se ha interpretado como,
"Matáos los unos a los otros"

A los que se fueron   21-03-19

La vida se vuelve fría y triste,
cuando comenzamos a despedir a quienes amamos tanto,
unos, porque se van a realizar sus vidas,
otros, porque la muerte se los ha llevado,
e ilusiones, risas, gritos, llantos se escuchan menos,
¿Cómo vivir sin esos amores?
A ellos que les dedicamos nuestras vidas,
y hoy en la soledad, nada tenemos,
sólo baúles de recuerdos,
y a veces ni cómo desahogar la tristeza y soledad,
por eso siento la empatía con los que nos antecedieron,
como fueron nuestros padres y abuelos,
por el mismo camino hoy me encuentro,
sólo, triste, vacío y en espera de lo desconocido,
sé que no debemos vivir en esa soledad,
porque hay todo un mundo que debemos conocer,
que nos puede llenar esos espacios vacíos,
con su música, sus paisajes pero también sus tragedias,
ver que hay muchos problemas a vencer,
pero que también se debe llenar los pensamientos con alegría.

Los años pasados

03-24-19

Con lágrimas en el corazón,
mis pensamientos se remontan a los años pasados,
a esos años que estuvieron llenos de todo,
alegrías, llantos, y llenos de grandes ilusiones,
hoy me remonto a ellos y lloro,
lloro porque sé que ya nada puede ser igual,
ya no están a mi lado quienes llenaron mi vida,
se fueron a realizar sus vidas, pero mis recuerdos están,
sí, de emociones, aventuras y sueños,
los que me impulsaron en esos años,
que me empujaron a enfrentar la vida con valor,
hoy, hoy sólo hay silencio y soledad,
por eso me pregunto,
¿Qué será lo que debo esperar?
Porque al escuchar la música de entonces,
los recuerdos vienen a mi mente,
y pienso en aquellos años que hoy son mi pasado,
que por más que los quiera vivir como entonces, ya no es posible,
por lo que hoy me doy cuenta que la vejez llegó a mí,
que hoy sólo debo vivir con mis recuerdos.

¿El amor de mi vida? 10-05-19

Sabes acaso lo que es amar,
¿Comprendes lo que significa que te amen?
¿Entiendes acaso lo que quiere decir "El amor de mi vida",
¿Cómo aceptar que quizás no fui yo al que amarías?
Sé ahora lo que significa amar y no ser amado,
pero hoy el tiempo que ha caído en mi
sé que ya no hay solución,
la amargura que tu forma de ser conmigo me destroza,
sé que ya es muy tarde para pensar que cambiaras,
que me expresaras que soy el amor de tu vida
como lo eres para mí,
porque sé que ya no hay ni habrá camino al amor,
que entre tú y yo nunca existió el amor,
que sólo viviste a mi lado por costumbre,
hoy puedo decir que la muerte para mí la deseo,
que así podrás descansar de mí,
de pasar y encontrar los mejores años de tu vida,
ya no pensaras en el infierno que vives a mi lado,
el tiempo debe borrarme de tus pensamientos,
cuándo llores no debe ser por pensar en mí,
sólo debes llorar por la libertad de tu vivir,
yo sólo debo ser un capitulo muerto para ti,
que sólo la felicidad llegue a ti.

El más grande símbolo del amor   25-06-19

¿Eres acaso el más grande símbolo del amor?
Para mí sí lo eres, tú eres el ser más maravilloso,
en tus ojos he encontrado el más grande y fascinante amor,
en mi sé ahora que me he enamorado profundamente de ti,
lo sé desde el primer momento en que vi tus ojos,
porque en ellos brilló para mí el amor inmediatamente cuándo te vi,
hoy puedo decir qué será para mí el haberme enamorado de ti,
que será vivir el resto de mi vida con tu amor,
sí, hoy sé que será lo más esplendoroso para mí,
que viviré como nadie en el mundo con tu amor,
porque eres para mí el ser más esplendoroso de este mundo,
hoy sé que mi vida estará llena de emociones,
que poco a poco que viva a tu lado lo comprobaré,
a nadie he visto con tanto amor para dar como tú,
las danzas del amor están a tu lado por ser una mujer especial,
especial para construir un gran amor entre dos,
que de ese amor podrán venir seres a engrandecerte,
que la maravilla de mujer que eres, no hay comparación,
cómo no sentir que he sido bendecido por tu encuentro,
la gloria de nuestras vidas se ha coronado con tu amor.

Las campanas suenan 03-06-19

Hoy me hacen sentir la tristeza de mí vivir,
hoy todo se ha tornado en el pasado para mí,
hoy sólo recuerdos bailan en mi mente,
hoy por eso la tristeza ha invadido mi vivir,
porque hoy ya nada es igual para mí,
el pasado estuvo lleno de emociones y anécdotas,
hoy nadie me ve con aquella alegría de mi pasado,
era cuándo la gente que me rodeaba me incluía en sus vidas,
hoy todos me ven con indiferencia,
porque hoy sé que la vejez me invadió,
ya no soy un elemento para trabajar o tener aventuras,
hoy con todas mis fuerzas quisiera vivir como en el pasado,
pero no ya nada es igual,
sólo tristeza y soledad tengo,
ya nada ni a nadie le puedo interesar,
hoy me invaden los problemas sin poderlos resolver,
muchos de los que rodearon mi vida han partido de esta vida,
¡Oh! si pudiera volver al pasado,
Pero creo que sólo en mi vida siguiente lo lograría,
Volver a vivir como viví en el pasado,
¡Oh! cuánta esperanza de lograrlo.

50 años   06-06-19

La vida ha dejado en mí un vacío enorme,
mis alegrías, mis amores, mis ilusiones, se están esfumando,
pareciera que la vida ya nada tiene para mí,
las enfermedades y las complicaciones me están acabando,
por más que mi vida la encomiendo a la esperanza en Dios,
nada parece ya venir a mí, sólo la tristeza,
esa que ha invadido mi pensar,
el amor está lleno de reclamos,
sólo vivo en una gran esperanza,
porque tú que eres el amor de mi vida,
tú que desde hace 50 años me llenaste de amor,
hoy si siento la pasión y la alegría que me da tu amor,
sé que ya es tarde para soñar,
pero tú sigues alimentando de amor mi vivir,
no importa los problemas ni la miseria,
tú sigues a mi lado despertando en mí, sueños de amor,
a pesar de tantos problemas tú sigues estando a mi lado,
en todas esas ilusiones que me forje contigo,
hoy sólo sé que tú llenaras mi vida de amor,
si por el resto de nuestras vidas,
gracias infinitas por esos maravillosos 50 años,
porque sé que el futuro a tu lado estará lleno de amor.

Mis Pasos   17-06-19

Marcas mis pasos en la ilusión,
en ésa donde se fortalece el alma con amor,
porque un amor como el que me das es y será eterno,
las flores renacen en nuestros caminos,
llenando nuestros corazones de dulces aromas,
como no he de amarte si para mí nadie es como tú,
ni las tormentas ni el frío de las nevadas nos separan,
nuestras vidas se han marcado en un futuro de amor,
la vida a tu lado se llenó y se seguirá llenando de grandes emociones,
y yo invertiré toda mi energía por llevarlas a cabo,
porque mi mente está llena de grandes fantasías,
fantasías que sólo tu amor ha sabido crear,
díme ahora como llenar tu corazón como tú lo has hecho en mí,
en la misma forma que en mí lo has llenado,
sí, de grandes aventuras por el mundo,
de grandes ilusiones por realizar nuestro amor en nuevos seres,
ellos que vendrán a llenar nuestras vidas,
llenarlas de grandes obras hechas con nuestro amor,
y que en algún momento nos llamen ejemplos de vida,
ven, ven a mí y realicemos esos sueños de amor.

Ella y la música   12-06-19

Me transportas a tu mundo de amor,
con tu música despiertas mis emociones con ilusiones de amar,
al llegar a un ángel tan hermosa que amar,
pero yo sé que al encontrarte ya se ha realizado para mí,
pero con ella me siento en tu mundo con tu música,
enamorarme de ella es y será lo más infinito de mi vida,
porque amarla es como viajar por el universo,
dónde todo tiene principio y un final feliz,
es así el amor que por ella siento,
un amor que no tiene tiempo,
porque amarla es el pensamiento y obra más grandioso,
en su amor no existe tristeza ni desamor,
en el amor a ella no veo tiempo ni figura,
en este amor sólo veo un ser maravilloso,
un ser lleno de todo lo que en la vida deseé,
como las notas de un concierto sin fin,
escuchar sus palabras es escuchar la más hermosa música,
enamorado estaré hasta la eternidad de ella,
de ella que es lo más grandioso que en mi vida encontré,
seguiré escuchando música para vivir en su amor.

Mis memorias   12-10-19

Mis memorias me hacen retornar a ti,
a aquellos momentos tan felices contigo,
momentos que parecían eternizarse,
cómo no desear regresar a esos lugares,
lugares dónde nos amamos tanto,
no puedo encontrar felicidad sin ti,
tú que desde siempre fuiste lo mejor para mí,
hoy aunque nuestra vida no es igual,
hoy la vida está llena de todo a tu lado,
de amor, pasión, deseo, ternura y tanto más,
¿Cómo no desear vivir con esa alegría que me da tu amor?
Porque desde siempre en ti lo encontré todo,
hoy no sé vivir sin ti,
sin ti no hay luz en mi vivir,
recibir el cómo vivir con tu amor es lo máximo,
porque no se puede vivir en la soledad,
la vida es para compartirla siempre enamorado,
y yo he vivido enamorado de ti,
cuando mis pensamientos se oscurecen,
es porque he caído dormido en tus brazos,
especialmente después de amarnos tan intensamente,
tan intenso como ha sido tu pasión en tus entregas,
mi ser se integra en grandes sueños con tu pasión y amor,
como no dormir si nos hemos amado tanto,
tanto como ha sido la dicha de amarnos por tantos años,
tu aroma, tu piel tu pensar, tus expresiones, todo,
todo en ti es vida, por eso no puedo dejar de pensar en ti,
nada, nada me despierta porque amarte es el milagro de mi existencia
tu amor lo completa todo para una felicidad eterna.

En la oscuridad   14-10-19

Cuando mis pensamientos se oscurecen,
es porque he caído dormido en tus brazos,
es porque el aroma de tu piel me ha adormecido,
especialmente después de amarnos tan intensamente,
tan intenso como ha sido tu pasión en tus entregas,
que mi ser se integra en grandes sueños con tu pasión y amor,
cómo no caer dormido si nos hemos amado tanto,
tanto como ha sido la dicha de amarnos por tantos años,
nada, nada me despierta cuando me has dejado exhausto con tu pasión,
amarte es el milagro de mi existencia que descendió del cielo,
nada, nada como el terminar mi vida en tus brazos,
porque día a día me ha descubierto el paraíso,
ese paraíso que solo de amor está lleno,
y que solo tú has sabido descubrirlo para mí,
cómo no he sentirme en él con tu amor,
un amor inimaginable y milagroso para encontrar,
déjame seguir entre tus brazos amándote,
para que cuándo la muerte llegue a mí no la sienta,
mi mayor premio en esta vida fuiste tú,
déjame que nuestro amor nos una en la eternidad.

Dime   12-8-19

Dime dónde, dónde quedó nuestro amor,
dónde quedaron nuestros sueños de amor,
dime en dónde quedaron mis deseos de amarte,
amarte infinita y eternamente,
dime dónde quedaron esos deseos de amarnos,
recordarme en cada instante a tu lado para mí es vivir,
pero sin ti no tengo vida,
sin ti no hay esperanzas de vivir con amor,
dime dónde fallé cuando tanto te amé,
los días y las noches con tu amor eran eternos,
hoy sin ellos no hay vida para mí,
te amo, te amé y te amaré siempre,
por eso hoy pregunto dónde, dónde estás,
desapareciste de mi lado y la vida se truncó,
hoy sin ti no tengo ya futuro,
los lugares donde nos amamos están ahí,
pero tú ya no estás hoy a mi lado,
y aunque busco por todos lados, no te encuentro,
y caminando, cansado y triste termino,
hoy siento que mi vida es un desastre,
yo te amo, te amé, pero sin ti,
nunca sabré dónde y cómo tu amor lo destrocé,
porque el amarte para mí iba a ser eterno,
a ninguna mujer puedo compararla contigo,
me amaste como nadie en mi vida,
¿Dónde, dónde podré encontrarte?
¿Será acaso hasta la muerte?
Esa que para mí la siento tan cercana.

Amor o falsedad   28-8-19

¿Cómo he de vivir?
Cuando me doy cuenta de cómo vivo,
de que todos mis sueños de amor fueron destruidos,
ante tanta falsedad y traición,
mentiras, soberbia, falsedad,
el ver que después de varios años era lo que veía,
esos años de lucha por saber el porqué del desamor,
que cuando lo supe me empezaron a brincar las dudas,
dudas que ya en mi mente existían,
pero que poco a poco se fueron haciendo reales,
que a pesar de saber la clase de bestia que yo era,
no podía aceptar tanta mentira,
y tener que vivir ante la farsa de un amor,
de un amor que sólo era para disfrazar la farsa,
que a pesar de que vinieron nuevos seres,
nada cambiaba, la soberbia, el desamor, la hipocresía,
era el sólo cumplir y que a mí me destrozaba,
¿Cómo sobrevivir ante tanta frialdad?
Frialdad y nunca querer reconocer sus culpas,
yo era una bestia, pero esa falsedad me hizo peor,
hoy deseo tanto acabar con mi vida,
sí, que la muerte venga a mí,
porque hoy ante tantos problemas físicos,
ya no debo seguir viviendo según yo,
tarde muy tarde veo que las culpas nunca las acepta,
sólo yo soy la bestia, sólo soy yo quien debe desaparecer,
pero aunque siento que mi vida debe acabar,
me doy cuenta que soy muy necesario para esos seres,
seres que dependen de mí.

Tus ojos   09-09-19

Me abriste tu corazón cuando en tus ojos ví tu grandeza,
y en ellos vi cómo unir nuestros destinos con amor,
hoy, cómo no pensarlo,
pues en esos momentos que a tu lado viví,
ni la vida puedo dar hoy,
mi vida como mi destino unido está a ti,
al cielo ruego por vivir nuestra eternidad unidos,
porque nuestro amor nos unió en vida,
y hoy, hoy ruego con todas mis fuerzas,
la vida eterna, a tu lado vivirla,
ya que tú, sí sabes amar,
sabes lo que es dar vida y amor,
palabras me faltan para describirte,
como tú nadie, ni nada,
tu ser emana aromas envolventes como el aroma de las gardenias,
la vida que a tu lado he vivido, se ha llenado de todo,
cómo no pensar en esos seres que por tu amor vinieron a nosotros,
seres que transformaron nuestras vidas en todo,
pero principalmente por la lucha por nuestro amor que se enorgullecieran,
porque esos seres vinieron a motivar nuestras vidas,
vidas que hoy veo cuánta lucha hubo en nosotros,
porque nuestro amor se lo trasmitimos a ellos,
y ellos al final de nuestras vidas nos inspiran,
sí, en seres más agradecidos al cielo,
porque en ellos podemos ver nuestro amor realizado,
sí, por esa grandeza que en tus ojos vi cuando te encontré,
amarte será mi mayor lucha, aquí o en la eternidad,

Tu mirar   28-10-19

Con tu sonrisa iluminas mi vivir,
porque ilusionas mi precaria vida,
a un nuevo amanecer con tu mirar,
porque tus ojos y tu sonrisa me estremecen,
porque veo en tí la esperanza del amor,
ese amor que tanto he buscado,
ese amor que siempre he sentido que no es para mí,
sé que en tu mirada siento la más profunda caricia,
y es la razón más pura para pensar en tí,
tu voz es como un canto divino para mí,
pero sé que acercarme a tí imposible es,
porque tu no ves en mí el esplendor tuyo,
pero yo no dejo de imaginarme rodeado de tu amor,
ese amor que en ti es tan maravilloso,
un amor que conlleva lo celestial,
la hermosura de una alma llena de cualidades,
un ser sin igual, difícil o imposible de igualar,
tu eres lo más esplendoroso de mi vida,
como tú nada ni nadie,
porque insisto eres un ángel de amor,
por eso espero que tu sonrisa nunca me la niegues.

Gracias vida   28-11-19

Nací y viví como la vida me trató,
amé y odie a quien amor u odio me dio,
la vida para mí fue lo más hermoso que tuve,
cada día desperté con mi mayor deseo de vivirla,
de niño muchos destrozaron mis primeros años,
pero también felicidad y amor los tuve,
y no por quien menos esperaba,
pero sí por quienes vieron en mí su luz celestial,
en mi juventud recibí amor de quienes les gusté,
pero también aprendí de mis errores a vivir,
a vivir sin odios ni rencores,
aprendí a luchar por quien amor me dio,
pero la vida me dio también los mejores amores,
por eso hoy puedo gritar "Gracias"
gracias, por tanto amor que recibí,
sí de esos seres que al mundo traje,
pues hoy ellos son mi orgullo y mis deseos de vivir,
sí de vivir con su amor aquí y hasta en la eternidad,
porque ellos llenaron todos mis espacios de mi vivir,
por eso hoy vivo con tanto amor y orgullo,
y si de irme me tocara, me iré a buscarlos a ellos,
a ellos que en mi vida tanto amor me dieron,
así porque algunos en esta vida ya no están,
pero en la eternidad los encontraré.

¿Final?   01-01-2020

Mi vida se acaba,
pero en cada día, cada amanecer o anochecer,
me llenas de amor e ilusiones,
cada día es un gran día para mí,
hoy puedo esperar mi final con tu amor tan intenso,
todo en mí es felicidad con tu amor,
cada noche dormir a tu lado es el paraíso,
porque el calor de tu cuerpo me llena de amor,
de ese amor que sólo en el paraíso encontramos,
y tú cada día, cada noche me lo das,
cómo no desear vivir con tu amor,
haces que mi final se aleje de mí,
tus acciones, tus palabras, tu ser,
todo en ti es mi alimento medicinal,
sí, para alejar de mí el final de mi vida,
porque tu ser amoroso quiere que el final sea juntos,
juntos para seguir amándonos como hoy por siempre,
para que esta unión de amor se eternice,
y que cuando el final llegue estemos rodeados,
rodeados de las esencias celestiales,
sigamos navegando en nuestros sueños de amor.

Vivir en la vejez   29-02-20

El pánico ha invadido mi vivir,
la lucha por vivir en la vejez me asalta,
hoy veo que la pobreza nos arroja a muchos problemas,
hoy las enfermedades y los accidentes me estremecen,
y hoy hincado orando a Dios por su misericordia pido,
ruego por vivir mis últimos días con tu amor,
porque sólo tú llenaste mi vida de amor e ilusiones,
y hoy que tan difícil veo la vida lo ruego,
sí, por no perderte tú que tan gran amor has sido en mi vivir,
ayúdame con mis ruegos para seguir viviendo,
viviendo en esta incertidumbre que la vejez me da,
deseo tanto seguir amando esta vida,
está vida que tanto me dió,
que me permitió gozar de mis esfuerzos por ser alguien,
alguien y triunfador ante tantos retos que tuve,
ante tantas adversidades que tu amor me hizo vencer,
hoy ante tanto temor sé que Dios como tú están conmigo,
hoy voy airoso a luchar contra el temor de vivir,
porque sigo rodeado de Dios y de tu amor,
hoy sé que mi vivir sigue siendo un reto,
un reto por pasar a la historia como un ejemplo,
un ejemplo de lucha ante las adversidades de la vida

Un Mundo sin ti 10-03-20

Sé que tú nunca me recordarás como yo a ti,
que nunca me amarás como yo te he amado,
que siempre vivirás en mis pensamientos
porque tú fuiste el mayor ideal de amor que tuve,
que en mi mente sólo tú existes con tu belleza,
que el amor y la pasión que me entregaste vive en mí,
que jamás podré tener otra imagen, solo en mi mente la tuya,
tú tocaste siempre lo más profundo de mis sentimientos,
me diste una vida plena de amor y realidades,
sólo tu haces que brote en mí el amor infinito,
pero en mí el pensar en tí es el crear un concierto de amor,
bailar con tu música que tu mente recrea con tu imaginación,
es el volar al infinito de la alegría,
que hoy ya no puedo ver otro mundo sin ti,
que la muerte esperaré con toda mi alegría porque a mi lado estás,
quién puede pensar en otro vivir si todo ha estado lleno de ti,
si sé que todos dirán que podré estar ciego al amarte tanto,
pero para mí no hubo ni habrá otro ser como tú,

A ti Carmen   30-03-20

En mi caminar te encontré y de mis pensamientos te adueñaste,
el cielo me cubrió con el amor que en tus ojos vi,
empecé a pensar en un futuro de amor y esperanza que eras tú,
cuando te vi se iluminó todo lo grandioso de ti,
después de caminar mi vida en dolor y soledad,
tú representaste la más grandiosa esperanza de una mejor vida,
que fue en ese despertar de mi vivir al verte,
todas las melodías de amor y paz llenaron mi mente,
cuando nuestras vidas unimos al aceptar mi amor por ti,
dejé el mal vivir que siempre me rodeó,
a tu lado me encontré en el paraíso terrenal,
nada se ha convertido en pesar a tu lado,
todo se ha convertido en esa gloria llena de amor,
años y años de esa vida maravillosa a tu lado,
a pesar de miserias y difíciles tiempos,
tu siempre sembraste en mi amor, esperanza y felicidad,
a tu lado he pasado decenas de años llenos de amor,
tu apoyo en todo hacia mí me hizo luchar por nuestro vivir,
el vivir a tu lado fue como si viviera en nuestro paraíso,
ése que tú formaste con tu dedicación hacia mí,
hoy con nuestros hijos, la vida la veo tal como tú la formaste,
llena de amor, esperanza y lucha constante,
por la felicidad de nuestro amor ¡infinitas gracias a ti!.

Covid-19   08-04-20

¿Cómo aceptar que puedo morir?
cuando deseo tanto revivir tantos momentos vividos,
aquellos que hasta lloré de alegría y me dejaron tantos recuerdos,
aquellos que unidos a melodías me llenaron de amor,
aquellos con los cuales me llené de sueños por cumplir,
aquellos donde recibí la gloria del amor,
de ellas que el cielo me regaló como Hijas,
¿cómo, cómo puedo aceptar morir ante tanto dolor?,
dolor enorme que me daría al quedar sólo en un Hospital,
lugar donde nunca podría volver a ver a mis amores,
no, no Dios mío no me dejes caer en esta angustia,
dame la oportunidad de sobrevivir a esta pandemia,
porque el morir en esta Pandemia es una gran tragedia,
una tragedia que mi vivir destrozará,
porque en mi vivir me diste tantas alegrías,
porque también sé que mi vida estuvo llena de ellas,
que si sentí dolor, hoy veo que no fue así,
que esos dolores fueron para enseñarme a vivir sin dolor,
porque esos dolores comparados con esta tragedia no hay comparación,
por eso ruego no, no me dejes caer en esta tragedia,
y así como por mí te ruego, hoy ruego con todas mis fuerzas,
sí, por ellos, por los que han caído en esta tragedia,
sálvalos Dios mío que aún pueden dar más felicidad a los suyos,

En el valle del olvido   15-04-20

Cuando por el valle camino,
mi mente te trae a mí,
y la congoja se apropia de mi pensar,
porque al ver tantas maravillosas flores,
mi corazón empieza a despejarse de esa negrura que dejaste en mí,
y veo cuánta hermosura hay,
hermosura que me hace pensar que no puede existir la tristeza,
ver las flores en su retoñar con sus hermosos colores en sus pétalos,
y una tras otra ya no me dejan pensar en ti,
son tantas maravillosas flores que me envuelven en su aroma,
tal como tú lo hacías cuando del amor me entregabas a ti,
pero esta maravilla de la naturaleza,
renace cada día en nuevas flores y colores,
mientras que tú me encerraste en la caja del olvido,
hoy en los atardeceres y amaneceres las flores me hacen retornar,
sí, retornar a su misterioso mundo de color y aroma,
cómo no querer verme rodeado de su esplendor,
sí en ti ví tanta hermosura y amor,
pero que como las flores pronto se marchitó,
pero que hoy no encuentro el porqué,
porque veo que ellas renacen a cada día,
pero en ti no sucedió nunca más,
me encerraste en la congoja y tristeza del amor frustrado,
porque tú para mí fuiste un amor que se marchitó,
tan marchito que entre mis manos se deshojó.

Epidemia   18-04-20

¿Cómo resignar mi ser a vivir sin ti?
cuando con tu amor he recorrido tantos caminos,
caminos que nos llenaron siempre de amor y alegrías,
a tu lado la vida me llenó de enormes satisfacciones,
con tu amor goce del más ardiente amor,
vivir con tanta alegría, bailando, escuchando melodías,
ese vivir que nos dio la vida con tantas emociones,
¿Cómo vencer mi angustia ante la posibilidad de perderte?
Porque en esta actualidad el ver a tantos sufrir no podría,
sufrir ante el dolor y las enfermedades,
ante epidemias que pueden atacarnos, yo,
yo, yo no puedo pensar en que seas tú quien se enferme,
y que me dejes solo en este sufrir,
porque yo sin ti no podré resistir esa angustia,
esa angustia que están sufriendo miles,
porque han perdido a quien amaron tanto,
porque yo a ti te he amado tanto que no lo soportaría,
y que sé que el único camino para mí sería el que tú tomarías,
porque ante tanta imposibilidad podrías enfermarte,
porque así veo a tantos que han enfermado y los han perdido,
en esta epidemia que ha venido a trastornar nuestras vidas,
vidas que estuvieron siempre llenas de tanta lucha,
y que se llenaron de logros y sufrimientos pero no como hoy,
por eso hoy me contagia el dolor humano,
y sí, mis lágrimas corren ante el pavor de perderte.

El río   18-04-20

Cuando veo correr las aguas del río,
me remonto a aquellos momentos en que paseabas por él,
y de mis recuerdos sobre tu belleza bañada por el río,
que fue en esos momentos en que mi corazón empezó a latir por ti,
porque nadie me había hecho sentir el amor como tú,
fuiste tan especial, tan clara como las aguas del río,
y de esa manera nuestras vidas comenzaron a correr como el río,
juntos haciendo que nuestro amor engrandeciera nuestro vivir,
nada entorpeció el amarnos tanto como el correr de las aguas,
tanto que hoy tú desbordas el caudal de mi amor por ti,
nada puede compararse con tu pureza,
que yo las comparo con la pureza de las aguas celestiales
tú siempre me has demostrado que eres la bebida que calma mi sed,
esa sed de amar que tú me has inspirado siempre,
que al abrir tus labios das cauce a tu dulzura,
para alimentar mis deseos de vivir con tu amor,
por eso te comparo con el correr de las aguas del río,
porque tu forma de amarme hace alimentar mi razón de vivir,
y este amor que entre nosotros brotó debe perdurar por siempre,
más que las épocas de lluvia y sequía que alimentan el río,
porque nuestro amor vive alimentado,
por el amor y la pasión que en ti encontré.

En el alba 24-04-20

Al darle una pausa a la desesperación de mi vivir,
hoy que sufro la oscuridad de la soledad,
hoy debo buscar cómo recuperar la alegría de mi vida,
pensando cuando todo se cernía en belleza para mí,
buscando reformar mi vivir, siempre soñando con el amor,
pero en esta pausa que le he dado a mi vida,
espero con ansias el alba que transformará mi vida,
porque siempre con el alba todo comienza,
el sol empieza a brillar y las flores su retoñar comienza,
todo vuelve a revivir con el alba de un nuevo día,
y es eso lo que me impulsa a buscar el amor,
ese amor que le dará nuevos bríos a mi vivir,
esas sensaciones que solo el amor verdadero da,
por eso le doy esa pausa a mi tristeza,
esperando el alba de una nueva vida,
una nueva vida que esté llena de ilusiones,
por eso espero que con cada alba todo para mí cambie,
y hoy que brillaste con tu belleza, la esperanza del amor retorne a mí,
porque solo un alma tan bella como tú puede inspirar,
porque deberé buscar con entereza cambiar mi vivir
y si por amor se debe luchar por él, desde hoy será mi vivir,
para con el alba de mi vida encontrar ese cambio a la felicidad.

Desesperación   25-04-20

La desesperación se ha adueñado de mí,
la angustia por conocer el mañana también,
ya nada alienta nuestro vivir,
la incógnita de esperar que nos traerá el mañana,
no lo puedo olvidar,
nada, nada parece confirmar que tendremos un futuro,
el ver y escuchar videos con música me atemoriza hoy,
porque el mañana no pareciera existir ni para la música,
todo ha caído en la incertidumbre del mañana,
y el oír a los Gobernantes más desespera,
saber que sus soluciones no son las que esperamos,
saber que están muriendo miles y miles entristece,
porque yo no tengo la voluntad de ignorar tanta tragedia,
yo quiero inspirar mi ser y a los míos en la esperanza,
porque sólo tenemos la esperanza de la ciencia y la tecnología,
no puedo dejar de orar tampoco,
para que nuestras oraciones induzcan a encontrar el remedio,
pero no puedo dejar de atemorizarme por el mañana,
ése del que no podemos estar seguros de que será alegre,
porque sólo la medicina nos salvará de esta angustia,
no creo que pueda haber esa ignorancia de la epidemia,
y que la gente siga exponiéndose,
porque eso puede traer nuestro angustiado y no deseado final.

Mi vivir   2-05-20

¿Qué puedo sentir hoy?
Cuando mi mente está llena de lágrimas,
lágrimas de alegría y tristeza,
por todos esos años vividos con tantas impresiones,
pensar también que mis logros se han coronado,
porque mis esfuerzos nunca fueron en vano,
sé que no todo se logró,
que mi mayor sueño fue ser un Almirante,
pero que por desconocer el debido proceso no lo logré,
pues mi vida se forjó en la soledad,
tanto en mi niñez como en mi juventud,
¿Pero mi vida adulta?
Claro que se llenó de tantas aventuras,
aventuras en las Escuelas y en el Trabajo,
tantas que ha sido mi orgullo lo que logré,
mi aventura en la principal Industria metalúrgica de México,
sí, en AHMSA como Ing. residente de una constructora,
y después Gerente en GE de México. una de las principales Ind. Mundiales,
y en otras Cías. también, como en AMTRAK en USA.
y entre estos mismos tiempos mi matrimonio,
el gran triunfo del amor al casarme con tan maravillosa mujer,
y con ella procrear 5 hijas tan hermosas como inteligentes,
por eso mi mente se llena de lágrimas,
porque cada día, cada instante fué para recordarlo con amor,
hoy yo sí me siento satisfecho,
por la vida que la Gloria de Dios me permitió vivir,
gracias al cielo tengo tanto que describir,
por lo que en mi mente hay.

¿Tu nombre?   3-05-20

No es la modestia la que engrandece tu ser,
ni tampoco el más hermoso nombre de mujer,
ni tampoco la belleza física que pronto envejece,
el poder describir tu belleza está en ti,
porque tu belleza espiritual no tiene límites ni edad,
tu belleza está en tus formas celestiales de actuar,
porque como un Angel eres tú,
¿Y desear describir tu belleza física?
No, no hay lugar por tu belleza angelical para hacerlo,
quien se ha acercado a ti siempre ha recibido tu dulzura,
tus palabras siempre están llenas de inteligencia y amor,
no, no hay palabras que puedan describirte,
porque insisto, a un Angel como tú es muy difícil,
porque sólo un Angel como tú puede dar tanto,
amor, ternura, sabiduría, lo mejor,
sí, lo mejor que uno espera de una mujer como tú,
quien se atreva a darte cualquier nombre,
nunca entenderá que los Angeles como tú no llevan nombre,
sólo hay que verte, tratarte, amarte,
escucharte y todo lo que un Angel da,
sí, para vivir en la felicidad que da la gloria,
porque tú vienes de la Gloria de Dios.

Angeles del Cielo   3-05-20

Hoy que en Pánico hemos caído por el Coronavirus,
hoy veo que los Angeles del cielo han bajado,
han bajado a realizar su gran labor,
tratar de sanar y atender a los pacientes del Coronavirus,
porque esos Angeles son los Doctores (as) y Enfermeros(as),
y tantos que están dedicando sus vidas para curarnos,
nadie como sólo un Angel puede soportar tanto trabajo,
porque ellos están luchando muy duro,
porque sé que su lucha no tiene horario ni límites,
porque su labor es salvar nuestras vidas a cualquier sacrificio,
y si no lo logran nos demuestran su tristeza y dolor,
acompañándonos hasta los últimos momentos de vida,
porque hasta el último segundo están con nosotros,
ellos entienden y saben cuánto dolor y miedo padecemos,
y ese es su esfuerzo por vencer esta Pandemia a pesar de sus vidas,
por eso los alabo, porque para mí son los Angeles del cielo,
yo no puedo eludir el esfuerzo que hacen por sanarnos,
porque esta guerra no es para vencer enemigos humanos,
es para vencer el peor enemigo de la humanidad actual,
por eso admiro y aplaudo a esos guerreros del Cielo,
yo dedico mis palabras de eterno agradecimiento a ellos,
por su gran lucha en contra del Coronavirus.

¿Orfandad?   10-05-20

¿Ceguera en mi vivir?
¿Lo dicen acaso por mi tristeza?
Porque sólo hay tanta amargura en mí,
¿Acaso se puede pensar positivo?
Cuando tus padres te repudiaron
¿Acaso cuando se vive en la calle?
porque si desde la niñez así se crece,
lo único que alienta es la envidia,
sí, la envidia por lo que otros tienen y tú no,
amor, pan, atención, hogar y tanto que se necesita,
¿Cómo pensar positivamente?
Cuando nada de eso se tuvo para vivir,
Vivir en la soledad y el miedo,
Y es como se vive sin padres,
Por eso admiro a quien pudo vencer esa soledad,
Y ¿Odiar a quien terminó en la delincuencia?
¿Cómo, cómo admirar u odiar?
Si el mundo que nos rodea nos ignora en ambos caminos,
es verdad que pude vencer mi soledad,
soledad que me dió hambre y enfermedades,
pero que sólo Dios puede premiar,
porque sólo El nos juzgará.

Septiembre 1967   14-05-20

Corría la tarde y mis deseos por salir me asaltaban,
la inquietud quizás por algo grandioso por encontrar,
pero no comprendía el porqué y cuando a la calle salí
tu rostro estaba ahí y tus ojos fueron los que me impactaron,
¿Cómo describir tanta belleza y misterio que en ellos ví?
Y todo empezó a cambiar para mí,
todo se iluminó en mi vida con tu mirada,
mi camino a seguir era conquistarte,
tal como lo hiciste con tu mirada,
porque desde ese momento cambiaste mi vida,
el horizonte que nos esperaba era toda una vida unidos,
una vida llena de amor e ilusiones,
supe al ver tus ojos que nada sería virtual,
que la realidad por tener tu amor sería por siempre,
y desde tu primer beso supe lo que en tus ojos ví,
un verdadero amor que empezaría a crecer,
y que poco a poco nos uniría para vivir en este mundo con amor,
y claro el esperar después nuestra unión,
y ver que llegarían esos seres divinos y que nuestro amor sería eterno,
y aunque la vida nos martirizó, nuestro amor nos haría resistir,
y así nuestro caminar por la vida hasta el final sería amándonos,
y por supuesto amándonos hasta la eternidad.

Tu materialismo   17-05-20

¿Es acaso el amor lo que hiere el alma?
O es el haberme enamorado de tí,
de ti, quien a pesar de tanta belleza,
no tenías la belleza en tu corazón ni en tu alma,
tu materialismo hirió tan fuerte mi ser,
que hoy las lágrimas corren dentro de mí,
y mi corazón sangra de dolor por tu ausencia,
yo me enamoré profundamente de tí,
pero nunca entenderé que fué lo que sentiste tú,
porque, sí te entregaste a mí con pasión,
pero nunca sentí amor de tí hacia mí,
tu indiferencia trastornó mi sentir,
mientras que yo te amé con locura,
ya nunca sabré lo que por mí sentías,
porque aquí sólo te busco en el horizonte,
sólo y sin comprender nada te busco,
te busco porque yo sí te amé profundamente,
tú convertiste mi ser en el enamoramiento ciego,
ciego porque durante el tiempo que te tuve, no me amaste,
mientras que yo te amé, te amé con todas mis fuerzas,
y nada distrajo mi sentir por ti,
hasta que desapareciste de mi vivir,
hoy sólo recuerdos hay en mi alrededor,
y mi llorar es enorme ante tu partida,

Terror

17-05-20

Un vacío enorme ha quebrantado mi vida,
el temor por lo que estamos viviendo,
y es el temor porque nos puede atacar la Epidemia,
y yo sé que será muy difícil que lo podamos soportar,
porque el saber a quién le ha tocado, es aterrador,
porque veo que no hay tratamientos ni vacunas efectivas,
ni hay soluciones efectivas a pesar de tanta ciencia,
porque especialistas quieren dar sus opiniones,
y nadie quiere escucharlos a pesar de dar soluciones,
soluciones que parecen más efectivas que las que usan,
sin embargo yo como millones vivimos aterrados,
a pesar de que roguemos a Dios por su ayuda,
nada parece tranquilizar nuestro temor,
al ver cómo han muerto miles de gentes en el mundo,
no, no es posible ignorar y no sentir pánico,
porque por más que nos cuidemos está ahí la tragedia,
todo es una incógnita aterradora,
¿Cómo sacar valor ante algo que se ve tan trágico,
Yo ruego por nuestros familiares, hijos, nietos, etc.
ruego por su seguridad y su salud,
porque por cualquiera que se enferme, ¿Cómo tener valor?,
valor para enfrentar tan terrible tragedia,
por ayuda le suplicamos a Dios.

Fuego del amor   20-05-20

¿Qué deseo enamorarme de ti?
Cómo no pensarlo si desde que te vi me inspiré en ti,
en ver que ni en el espacio infinito encontraría a alguien como tú,
la mujer más sensual, inteligente y sumamente inigualable,
en mi mente has despertado las más grandes ideas del amor,
el pensar vivir cada instante a tu lado sé que será indescriptible,
contigo sueño en el mejor amor de mi vivir,
contigo podré construir el más grandioso sueño de amor,
creativo, pasional, inolvidable y sin poder pensar en nada más,
porque eres como la más bella flor del mundo,
aspirar tus aromas es incitar a soñar y vivir,
vivir los mejores momentos e inolvidables,
esos que no tienen fin, que siempre se inspiran en melodías de amor,
tus ojos hermosos y tu cuerpo son maravilla de Dios,
pensar que cuando la pasión nos una no habrá fin,
tú y sólo tú me inspira a hacer el amor más apasionado,
tú y sólo tú me inculcas a crear una vida llena de logros,
tú y sólo tú sólo tú me inspiras a crear nuestro mundo inimaginable,
que estará completado con seres creados por un amor intenso,
porque sólo tú y yo podremos comenzar una eternidad de amor,
una descendencia con seres que como tú y yo serán,
ellos como nosotros podremos crear nuestro propio vivir,
vivir como en un paraíso, porque sólo un ser como tú lo inspira,
conquistar cada espacio de este mundo donde dejaremos huella,
huella de nuestro gran amor sin odios ni rencores,
por eso hoy me dedico a buscar el mejor camino para amarte,
amarte y que nuestras vidas estén siempre unidas en el amor,
porque mundo nos faltará para realizar nuestro sueño de amor,
porque nuestro vivir en el amor será una leyenda inigualable.

No te vayas   14-05-20

Al tiempo ruego que no me dejes,
porque nunca podré encontrar cómo vivir,
tú has venido a llenar todos los espacios de mi vida,
sin ti nunca podré encontrar mi futuro,
ese futuro que siempre soñé en los grandes logros,
en el trabajo, el amor, y tantos que sin ti nada será,
no, no quiero caer en un paño de lágrimas,
porque sin ti sólo el llanto y la tristeza me rodeará,
solo desgracias presiento habrá en mi vivir,
no puedo imaginar una vida sin tu amor,
tú la has llenado de ilusiones, alegrías, aventuras,
mi vivir a tu lado tiene ese espíritu de emociones,
nunca podría volver a ambicionar por riquezas,
porque todo ha sido buscar llenarte de riquezas,
para que tú nunca pienses en otra vida,
que sólo tú y yo sigamos formando nuestro mundo,
ese mundo que idealizamos para nosotros,
ese mundo que debería estar lleno de alegrías,
alegrías que solo tu amor me ha dado,
no me dejes caer en esta incertidumbre,
dime, grítame si quieres pero dime que fue,
donde cometí el error de destruir tu amor,
nunca fue mi intención herirte o desilusionarte,
yo solo quise amarte construir un mundo de amor,
y no de desilusiones, ven ayúdame a desenmarañar todo,
en tu mente hubo paciencia y amor, no lo dejes ir,
engarza nuevamente nuestros corazones,
sé tú quien ahora domine nuestro vivir.

Tu mirar 05-27-2020

Pensar que toda una vida de dicha se encierra en una sola palabra, ¡amor!,
y yo al verte, en ti se va encerrando mi pasión por amarte,
porque en tus ojos veo tu enorme belleza,
¿Cómo no idear un mundo inigualable con tu amor?
Sólo tú, en ti hay un gran corazón,
y con tu amor la eternidad de nuestra unión persevera,
nada puede crearse para mí sin ti,
veo que a través del tiempo todo se engrandece en ti,
como no pensar en ese amor que de ti se desprende,
porque como tú nada encontré tan grandioso,
por eso yo te amo, como no se puede amar igual,
en tu mirar se transforman las cosas para mí,
porque parecen ser pinceles para dibujar los colores más hermosos de vida,
en nada puedo pensar más que en ti,
porque siempre he visto que tu belleza eterniza nuestra felicidad,
siempre he pensado que con tu amor viviré eternamente,
que en un beso existe todo lo hermoso de mi vivir,
¿Cómo pensar en otras cosas cuando estás tú en mi corazón,
Sólo puedo idear en envolverte en lo más bello del vivir,
Porque así podré eternizar nuestra gran dicha de amarnos,
Amarnos como los seres más felices en esta vida.

La luz   31-05-20

En mi oscuridad la luz la encendiste tú con tu belleza,
brindaste a mi ser un nuevo camino,
porque donde siempre caminé fue por la oscuridad,
tornaste mi concepto de la vida en una grandiosidad,
porque abriste el cielo para iluminarnos,
y perder ese soledad en que yo vivía,
tú has sanado mi alma y hoy todo cambió para mí,
hoy el olor de las gardenias nos rodeó,
sí, para disipar toda oscuridad y tristeza,
con su aroma la inspiración para amarnos será eterna,
la compatibilidad de nuestras ideas y vidas nos unió,
en tu voz sólo escucho dulzura amor y pasión,
en ti sólo hay esperanza de una vida eterna,
porque para mí tu abriste las puertas de tu corazón,
y las abriste para enseñarme a vivir con tu amor,
nada, nada interrumpirá nuestros sueños,
si había cobardía en mí tú la transformaste en valentía,
sí, para enfrentar todos los obstáculos en nuestra unión,
esa unión que se llenó de amor y lucha,
porque no me dejaste acobardarme ni olvidar tu valentía,
porque en tu esencia sólo valor, amor y lucha por vivir tienes,
nada hubo ya en mi de lágrimas ni tristezas,
estás tú a mi lado por siempre.

Tu amor   02-10-21

¿Cómo vencer esta tristeza que hoy me golpea,
yo que te amé tanto mientras tu sólo me ignorabas,
mi amor por ti parecía no llenar tus ambiciones,
luchar en un mundo cruel y egoísta fue muy difícil,
pero esa era mi lucha al amarte tanto,
pero tu sin embargo tu indiferencia era tu forma de "amarme",
algo que no comprendí jamás, tú lo único que amé,
tú me ignorabas y sólo me servías sin amor,
hoy corren por mi cara mis lágrimas,
porque hoy tu confirmas que nunca me amaste,
que tu unión a mí fue sólo un compromiso,
que tus pensamientos de amor volaban pero no hacia mí,
porque yo nunca fui el centro de tus pensamientos,
que yo sólo fui una forma de tu vivir,
sólo un compañero por el cual esperabas mi adiós,
pero que como yo nunca te deje,
para ti era y será una forma de tu vivir,
que mientras tú fuiste el amor y pasión de mi vida,
para ti nada, nada fui en tu amor.

¿Cómo tú?   11-01-2021

Impactaste mi ser con tu belleza,
hiciste que mi corazón palpitara más fuerte,
porque al saber que eras una gran mujer,
una mujer que ama con toda su intensidad,
y que espera ser amada con la misma intensidad y pasión,
que el sólo pensar en el amor sé que sería apasionado contigo,
eso me hizo enamorarme de tí y luchar porque me amaras,
pensar en cada hora para llegar a ti,
pensar que cada parte de tí es amor y pasión,
porque tú sabes realmente amar con pasión y sinceridad,
amar sin mentiras entregando tu ser y tu alma con amor,
con ese amor tan soñado y deseado por mí,
sí porque en tí hay claridad en tu ser y no falsedad,
sé que recibir tu amor será lo más maravilloso de mi vida,
por eso es mi ansiedad por vivir amándote,
porque sé cuánta felicidad me dará tu amor,
un amor en el que hay pureza y lucha por la felicidad,
porque contigo habrá toda una vida de realidades,
que como tú nadie me amara igual,
ya que nunca podré encontrar alguien como tú,
por eso siento que nos amaremos toda una eternidad.

Perdido me encuentro 11-01-2021

Mis ilusiones se han desbordado en un mar de angustias,
todo se me ha perdido por la angustia de perderte,
el saber que nunca me amaste me ha acabado,
hoy no sé porque vivo si nada tengo,
llorar mi alma es mi mayor desahogo,
hoy que todo lo he perdido sé que ya nada volverá a mí,
mis tiempos de amor y coraje por vivir se han ido,
ya nada es mío y no podré volver a tener algo,
tu partida sembró mi vida de dolor y desasosiego,
ya no hay oraciones que me devuelvan mi vivir,
ese vivir lleno de amor y trabajo como de aventuras,
si sé que mi vida se está acabando también,
que la edad pronto acabará con mi vivir,
que no se puede luchar cuando nada se tiene,
especialmente cuando la vejez ha caído sobre mí,
y por el desamor que invadió nuestras vidas,
que fue nuestro principal problema entre tú y yo,
hoy ya no puedo esperar nada que no sea la muerte,
porque sólo podré encontrar la paz de mi alma con la muerte.

Vacunarnos   01-19-2021

Al conocerte me enamoré tan profundamente de ti,
y el lograr convertirte en mi Esposa fué el mayor logro,
que fue tanto y tan profundo el amor que sentí por ti,
que a través de los años convertimos ese amor,
sí, en seres que transformaron nuestras vidas,
y el amor continuo siempre tan profundo por tí,
en mis pensamientos y mi ser siempre estabas tú,
hoy que pasaron 50 años a tu lado,
hoy nos hemos encontrado en una Pandemia,
una enfermedad que ha matado a millones de seres,
que hemos visto cómo ha muerto esa pobre gente,
de pavor y pánico me llené por ti,
porque nunca me hubiese perdonado,
si tú te hubieses contagiado del Covid-19 y llegase a perderte,
perderte como a tanta gente que ha muerto,
y que han muerto en la soledad de un Hospital,
por eso hoy que hemos podido vacunarnos,
hoy me siento tan feliz porque así estaremos protegidos,
y yo podré seguir también como tus hijas con tu amor,
de ese amor que nos has prodigado,
para vivir realizando nuestros sueños,
Gracias a Dios por permitirnos poder vacunarnos.

Universo   01-30-2021

Señor sé que es muy difícil ser escuchado,
tu grandeza es tan infinita que sé lo difícil que es,
que quizás si todos nos uniéramos posiblemente escucharías,
pero porque sé que tu labor es tan infinita que aún lo dudo,
porque sé cuán infinito es tu tiempo tan ocupado,
porque el crear todo este Universo tan infinito es la razón,
tu creación sé que no tiene límites ni preferencias,
porque si nos pudieras escuchar quizás cambiarías la Humanidad,
sí, esta Humanidad que creaste en este mundo,
esta Humanidad, así como los animales y todo lo que formaste,
tiene toda clase de cualidades,
unos con maldad y otros con bondad,
pero sé que el sufrimiento y felicidad está en todos,
pero esta Humanidad que aún no sabe cuál es su vivir,
estamos en constante agresividad, matándonos los unos a los otros,
sí, una vida muy difícil para todos,
por eso sé qué difícil será que me escuches,
pero ruego por toda la Humanidad,
nos des salud, paz, inteligencia y todo lo que la Humanidad necesita,
sí, para vivir ayudándote en la creación,
en la creación de un Universo de Gloria.

¿Convencerte?   02-14-21

¿Convencerte de cuánto te amo?
Lo sé, cuán difícil es, pero te amo,
cuando te veo a los ojos, el cielo veo,
tu belleza es tan grande que no tengo palabras,
veo en ti a la mujer más hermosa del mundo,
la mujer de todos mis sueños e ilusiones,
esos sueños de vida que sólo en tí veo,
engarzo palabras para convencerte de cuánto te amo,
tu fuiste el ser más grandioso que conocí,
tú tienes todos los atributos como las rosas,
tu belleza, tus colores, tu aroma todo es como las rosas,
insisto una y millones de veces para decirte, te amo,
sí, te amo y contigo deseo hacer nuestras vidas en el amor,
sólo un ángel como tú puede dar tanto amor,
amor como el que me has dado,
sólo en tí el amor se conjuga con pasión y felicidad,
amarte es ya mi mayor pasión y meta,
pero amarte con toda la pureza que tu amor me inspira,
nunca podré vivir sin tu amor,
porque tú eres la realización de todos mis sueños.

Hotel California   02-14-2021

1969 año de la mayor realización de nuestras vidas,
y en la lejanía había un silencio para nuestras vidas,
ese silencio que tarde o temprano habríamos de descubrir,
ese gran lugar donde el sueño de millones se hacía realidad,
ese gran Hotel California donde se puede aún vivir y soñar,
porque ha sido cuna de tantos sueños, grandes actores,
grandes películas, grandes industrias, grandes carreras,
y muchos sueños difíciles de cumplir, pero que se logran,
porque cuando te has hospedado en el Hotel California,
tu vida se vuelve un paraíso de amor y realidades,
por eso los recuerdos brotan de cada nota musical,
y salen de mi baúl de recuerdos para contarlos,
porque en el pasado y el presente este es el Hotel más inspirador,
para seguir llenando de recuerdos de amor y felicidad los baúles,
aquí la Luna se engrandece y su brillo es total para embellecer todo,
sí aquí en California con su grandioso clima,
ése que te lleva a incrementar tu amor por quienes amas,
es aquí en el Hotel California donde tus metas se cumplen,
así como todos tus sueños pueden llegar a cumplirse.

El viento

02-16-2021

Dicen que las palabras se las lleva el viento,
pero no, tus palabras no se las llevó el viento,
dijiste que me amabas, y lo creí,
me envolviste en esa magia de tu amor,
meses, años, tomando cada palabra tuya,
todo me efervescía por tu amor y tu pasión,
y el tiempo me fué comiendo,
y tu amor me siguió envolviendo,
hasta que la necesidad de amarte con toda mi pasión llegó,
y ya no pude esperar más por tu amor que era increíble,
y lo tomé para unirme a tí, pero para siempre,
y aunque tú me amaste en tu forma,
la pasión y el amor me ensalzó para saber lo cierto de él.
porque tu amor siempre estuvo lleno de aromas,
aromas y perfumes que me hacían sólo pensar en ti,
y el deseo y el amor por tí me venció para rogarte,
sí, para unirme a tu vida y tu amor con toda mi pasión,
y hoy que por tantos años nos hemos amado,
hoy me asalta el poder perderte,
perderte por nuestra vejez o por una epidemia,
ven a mí si tú partes primero o yo lo haré,
porque nuestro amor debe ser eterno.

La riqueza   02-17-2021

¿Qué puedo tener con la riqueza?
¿Amor, devoción de mis descendientes, unión familiar?
Todo, todo parece tenerse en la vida,
pero no, la riqueza no da todos esos deseos,
sólo puede dar algo de amor principalmente por interés,
o dar compañía por la misma riqueza,
sé que dá poder y obediencia,
pero todo es por la riqueza,
por eso no creo en la felicidad que puede dar la riqueza,
porque mucho está envuelto en la hipocresía, falsedad e interés,
¿Cómo descifrar lo que da la riqueza?
¿Qué es realmente la riqueza?
Porque también se tiene que temer a la envidia,
ésa que es capaz del chantaje, el soborno,
la envidia que sólo busca arruinar al rico,
por eso mi temor a la riqueza, porque si se tiene,
entonces debe ser sumamente privada,
privada para no poner en peligro a quien se ama.

¿Quién fuí para ti?   02-15-21

¿Cómo vencer esta tristeza que hoy me golpea,
Yo que te amé tanto mientras tú sólo me ignorabas,
mi amor por tí parecía no llenar tus ambiciones,
luchar en un mundo cruel y egoísta fue muy difícil,
pero esa era mi lucha al amarte tanto,
pero tú sin embargo, tu indiferencia era tu forma de amarme,
algo que no comprendí jamás, tú lo único que amé,
tú me ignoraste y sólo me servías sin amor,
hoy corren por mi cara mis lágrimas,
porque hoy tu confirmas que nunca me amaste,
que tu unión a mí fue sólo un compromiso,
que tus pensamientos de amor volaban pero no hacia mí,
porque yo nunca fuí el centro de tus pensamientos,
que yo fuí sólo una forma de tu vivir,
sólo un compañero por el cual esperabas mi adiós,
pero como yo nunca te dejé,
para ti era y será una forma de tu vivir,
que mientras tú fuiste el amor y la pasión de mi vida,
para ti nada fuí.

Nuestro pasado   02-16-21

Corren de mis ojos lágrimas por el pasado,
ese pasado que estuvo lleno de incógnitas,
porque a un futuro incierto tenía que enfrentarme,
ese donde tantas lágrimas me llegaron a tocar derramar,
hoy que toda una vida he recorrido,
hoy mi mente está llena de tantos recuerdos,
pero también hoy la llené de tantos fracasos,
aunque sí, hubo también tantas lágrimas por mis triunfos,
aunque también lloro por los fracasos en el amor,
y sólo una gloria me bañó en el único amor real,
sí, el de una esposa que nos amamos tanto,
que hoy nos llenamos de alegrías y tristezas,
por tantos años juntos,
años en que las lágrimas corrieron por nuestros ojos,
aunque también vivimos momentos de grandes logros,
quizás no los que esperaban de nosotros,
porque nuestras hijas tuvieron todo apoyo,
pero que quizás para ellas no era lo que esperaban,
pero sus triunfos nos llenaron de alegrías,
por eso hoy nuestras vidas se llenan no del pasado,
pero sí de grandes alegrías.

Los rosales y tú   02-12-21

En la claridad del día veo los rosales,
y en la lejanía oigo tus cantares,
donde tus palabras entonadas denotan amor,
amor y felicidad brotan de tu pecho,
dándome el alimento y aliciente de tu amor,
ese amor que no parece tener fin,
pues cada día o noche de tu amor se llena mi alma,
en mi ser vibran mis emociones por ti,
porque tu amor es completo para llenar mi corazón,
sin barreras tu romanticismo se completa con tus entregas,
en donde me transportas a ese infinito mundo tuyo,
ése donde sólo amor, pasión y alegría hay,
por eso las notas musicales me sacan de mis torturas,
y tú me llevas a la gloria de tu pasión,
ese gran esfuerzo tuyo por demostrarme la gran mujer que eres,
que eres y serás por siempre el amor de mi vida,
que serás como hoy eres la belleza del amor,
que nadie podrá igualar el amor que me prodigas,
porque tu amor es para crear una gran historia de amor y entrega,

Mis nietos y biznieto   02-17-21

Los años han pasado por aquel pequeño rostro,
y hoy veo que la belleza de sus ojitos lindos han prevalecido,
y también en ellos la esperanza de su cuidado y guía,
hoy me llena de ternura y verla vivir hasta su juventud,
porque mi esperanza es verla cumplir sus metas,
hoy me lleno también de emoción al ver su sonrisa,
dando a entender lo feliz que es hoy en sus iniciales años,
claro que lloro por el amor que le tengo,
al tener que verla sólo de lejos por la Pandemia,
ya que a su madre le tuve un gran amor desde que nació,
así como me inspiró a amarle desde la primera sonrisa que me dió,
y ahora esa nietecita como a su hermanito que tanto los he amado,
porque ellos son parte de mis nietos y Biznieto ahora por quien luchar,
ya que son mi mayor felicidad por los logros y progresos en sus vidas,
hoy no puedo dejar de llorar por esa emoción que me da al verlos,
porque después de ver crecer y realizarse a sus madres,
todo me inspira a esperar la llegada del cielo por mí,
sí, porque hoy veo con tristeza y felicidad sus logros.

Anidaste tu amor   02-17-21

En la profundidad de mi corazón anidaste tu amor,
hoy que el tiempo ha pasado hoy sé lo que anidaste,
hoy veo que casi fue nada según mi corazón,
que me cegué con el amor que te tuve,
pero que en tí nunca fue igual,
que el amor que me enseñaste tenía muchas barreras,
y que esas barreras nunca se quebraron,
que por más que luché por sembrar más amor en ti,
nada, nada lo hacía crecer,
muchas incógnitas había para poder abrir tu corazón,
pero sin embargo las palomas que nos rodearon nos engarzaron más,
y la vida nos fue llevando por su camino
ese camino donde los obstáculos nos ensombrecían la vida,
pero esa vida nos fué llevando a realizarnos,
a realizar el fruto de nuestro amor,
amor como digo muy arraigado,
y en ti lleno de incertidumbre,
porque me enfoqué en el romanticismo y no en la realidad,
ésa es en la que teníamos que enfocarnos y cumplir,
porque tú me demostraste, sí, amor y no incertidumbres.

Mi Planeta tierra   17-02-21

Esbozo gran alegría que me da el vivir,
en un mundo lleno de grandes bellezas naturales,
sí, en este mundo que se equilibra solo,
a veces con grandes tormentas, nevadas, epidemias,
pero el vivir en este mundo me hace ver la grandeza de Dios,
porque somos parte muy pequeña del Universo,
por eso es mi lucha por entender la vida y la muerte,
sí, las plantas, los animales, la Humanidad, los continentes,
una gran lucha la que tenemos por sobrevivir,
porque nuestra gran labor es dejar lo mejor para el futuro,
como ciencia, obediencia a leyes justas,
y tanto, tanto que debemos cuidar,
sí, que debemos de dejar huella de sabiduría,
porque nuestro mundo ha sido creado para ser ejemplo de vida,
sí, pero también de muerte y destrucción,
y esa debe ser nuestra gran labor,
preservar la vida de la Humanidad,
así como toda la vegetación y animales,
quizás sólo lo esencial para continuar la vida,
sí, quizás en otro planeta,
tenemos la inteligencia y la fuerza para realizar nuestra tarea.

Describirte

25-02-21

¡Cómo no describirte!, sí enamorado siempre estuve de ti,
tú incitas en mí los momentos más bellos de mi vivir,
tu belleza lo tiene todo para vivir amándote,
desde que te encontré llenaste mi ser de amor,
hoy adorno tu belleza con las flores más bellas,
porque es tu belleza tan superior a la de las flores,
pero sí, tú te engrandeces con la belleza de las flores,
mi amor y mi pasión por ti son inmensos,
te amo como lo único que ha llenado mi vivir,
es verdad, yo sin ti sólo la muerte desearía,
te amo, te amo tanto que pido al cielo no perderte,
porque hoy sé que sin ti no hay vida para mí,
quiero siempre encontrar las palabras,
sí, palabras que te convenzan de cuánto te amo,
porque tú eres mi diario despertar a la grandeza de vivir,
por eso me inspiran las aves, las flores y los rayos del sol,
para encontrarme siempre entre tus brazos,
porque eres la inspiración más intensa para vivir amándote,
al cielo ruego para nunca perderte.

Monterrey   27-02-21

Crecen en mi mente los grandes recuerdos,
todos aquellos que se refieren a tu amor,
porque a tu lado mi vida se transformó,
hoy que abro esos recuerdos de Monterrey,
hoy las lágrimas corren por mi cara,
son muchas de felicidad que vivíamos,
pero también las de tristeza por lo que sufrimos,
recuerdos de toda clase, tanto de amor como de aventuras,
como las que vivimos con la llegada de cada Hija,
los días, meses y años viéndolas crecer,
hoy, hoy que puedo decir cuándo todo lo cambié,
y que por 35 años hemos vivido tan difícil en USA,
porque aquí no hay bellas melodías como las de Mty,
no tenemos aventuras como las teníamos en Monterrey,
esas que con su gran inocencia vivimos con nuestras hijas,
el mundo se llenaba de grandes emociones,
hoy aquí la dureza de la vida nos lo impide,
pero el amor y la grandeza de nuestras hijas nos transforma,
sí, a nuestro mundo de esperanzas,
esperanzas por una vida ejemplar.

Los Tranvías   28-02-21

¿Dónde estoy? que nada puedo encontrar,
Dónde podré tomar el tranvía para encontrar,
mi Madre, mis Abuelos mi escuela que tanto amé,
dónde, donde podré encontrar la parada del tranvía,
tantas veces que corrí para alcanzarlo,
porque sabía que los encontraría a sus horas,
no importaba si era de día o de noche,
pero hoy me siento tan desesperado porque hoy sé,
no hay ya mis tranvías ni mis trolebuses,
es tan triste hoy porque lo que más amé ya partieron,
y sé que para ella no fue igual lo que yo sentía,
mi mente sólo se llenaba con su imagen y su canto,
hoy no están ni ella ni mis Abuelos,
sí ellos que me tuvieron tanto amor,
por eso hoy, hoy sólo en fotografía lo veo todo,
pero todo me llena de llanto y tristeza,
sí, porque hoy sé que no los encontraré más,
aún a pesar de saber que ellos ya partieron,
tantos años buscándolos y nada encuentro,
por eso hoy que la vida me ha golpeado tanto,
al cielo pido un poco de consuelo y amor,
¿De quién? Si sé que en esta vida solo mis hijas,
Sólo ellas me lo darán junto con su Madre.

Nuestro amor
03-03-21

Mis mejores momentos los pasé a tu lado,
saboreando hasta la última gota de tu amor,
los años nos pasaron sin sentirlos,
porque con tu amor y tu pasión no los sentí,
la música siempre nos rodeó para romantizarnos,
cada año pasó sin sentirlo ni verlo,
porque cada día o noche lo vivimos tan intensamente,
cómo ahora, cómo no sentir temor ante la vejez,
porque a tu lado, nunca me dí cuenta de ello,
hoy cada día o noche deseó llenarte de flores,
sí, porque pienso que eso le has dado a mi vida,
un ramo de todas las flores, como ha sido tu amor,
porque así me lo hiciste sentir a tu lado cada día o noche,
una vida llena de aromas y placeres a tu lado,
tocaron los instrumentos cada melodía hermosa,
para hacernos sentir en el paraíso,
así fue como tantas melodías me llenaron de pensamientos,
y a mi vida la llenaste de melodías,
melodías que sonaron desde nuestro despertar hasta el anochecer,
hoy quiero llenarte de agradecimientos,
por esa vida a tu lado tan inolvidable,
hoy para mí no hay final,
porque sé que nuestro amor es eterno.

El río   11-03-21

Llora mi ser por mis recuerdos,
de aquellos sueños de mi juventud,
sueños que hoy los tiro al río,
al río de la vida para que se los lleve la fuerza del río,
de ese río lleno de pequeños sueños realizados,
pero también arrastrando tantas frustraciones y fracasos,
y me siento al lado de ese río de la vida,
para tratar de limpiar mis tristezas,
para llenar mi mente y mi corazón de amor,
de ese amor que encontré en ella,
porque ahora sé que por ese amor me dediqué a luchar,
a luchar por una vida plena para los dos,
una vida que pudiese llenar de pequeños o grandes logros,
como el ver que a quien más ame les dediqué mi vida,
mi vida y sus ganancias para que ellas lograran realizarse,
vidas plenas de grandes ilusiones realizadas,
yo quiero expulsar de mi mente los fracasos míos,
para que se transformen en grandes logros,
porque a la muerte quiero llegar sin lágrimas,
llegar con esperanzas de dejar mi mejor legado.

Tú
11-03-21

Tócame, toca mi corazón y llénalo de amor,
así, como yo lo hago en ti pleno de amor y deseo,
porque en ti encontré un ser del paraíso,
ansioso estoy siempre para ver tu ser lleno de belleza,
recibir de ti todo lo hermoso de tu ser,
llenarnos de amor como una cascada,
que nos llena de vida para no ver ni desear nada más,
porque tú me has demostrado ser lo que tanto anhelé,
porque así anhele amor y pasión,
y tú me lo diste con tu hermosura,
una grandeza como mujer, como nadie,
hábil, tenaz, responsable, amorosa, apasionada,
que más podría anhelar si tú eres una mujer perfecta,
perfecta para todo especialmente para amar,
yo completé mi vida a tu lado,
hoy con tanta felicidad que me prodigaste,
hoy veo que los años pasaron sin sentirlos,
porque fuiste tan especial que nadie te igualó,
tú y nadie más que tú hasta la muerte.

Sin ti

12-03-21

¿Cómo olvidar a quien tanto amé?
hoy en el tiempo en que me he perdido,
hoy te invoco porque vuelvas a mí,
porque vivir así nunca lograré superar mi soledad,
yo sin ti, la vida en nada me alienta,
yo soy nada sin ti porque tú fuiste mi todo,
hoy ya no, ya no encuentro ilusión en vivir,
tu llenaste mi vivir, tú me engrandeciste,
la vida se tornó en una magia para los dos,
hoy sin ti, todo es soledad para mí,
tú que contigo encontré tanto para nuestra felicidad,
hoy tengo que rogar porque me lleven a ti,
no puedo, no puedo ya vivir en esta soledad,
nada tiene sentido sin ti,
vuelve, vuelve a mí y llévame a tu paraíso,
esta vida ya no es para mí sin ti,
recorro todos los caminos que viví contigo,
y nada me conforta y sólo vivo llorando,
vuelve, vuelve a mí y llévame.

Incertidumbre   12-09-20

Al cielo me encomiendo buscando paz,
buscando una respuesta a tanto dolor,
el vivir sin saber cuál será el mañana,
es tan horrible que mi ser tiembla,
porque a cada noche espero amanecer vivo,
porque en esta Pandemia todo es dolor,
para donde quiera que volteó veo muerte,
sí, porque a muchos los ha atacado la Pandemia,
y en su inconciencia mueren tantos,
que es eso lo que me aterra,
pareciera que toda la vida se acaba,
y aunque se ve luz a la distancia,
esto no parece acabarse ni arreglarse,
tampoco parece remediarse,
porque hoy vemos tanta violencia,
demasiados crímenes, guerras inútiles,
¿Cómo pensar positivamente con tanto quebranto?
Por eso es mi descontrol,
hoy sé que sólo la música me da un poco de paz,
y también un poco de esperanza por ver la normalidad,
en la que podamos volver a vivir,
vivir con más amor y esperanza.

Un mundo incivilizado   12-06-20

Quisiera brincar, bailar de alegría,
¿Pero cómo ante un mundo como el nuestro?
Donde predomina la irresponsabilidad,
el pandillerismo, la delincuencia organizada,
las drogas y los drogadictos,
todos los días veo gente,
gente que no parece serlo,
sino más bien monstros cometiendo tanto crimen,
pues no puedo creer que haya tantos,
violaciones, ver como hasta Padres violan a sus hijas,
ver como se destruyen familias enteras,
por el alcohol y las drogas, por tanta perversión,
cómo aceptar que vivimos en un mundo civilizado,
si las religiones están llenas de maldad,
de violadores, de terroristas, de crímenes,
cómo aceptar un mundo tan perverso,
que res casi 100 años empezó a civilizarse a la modernidad,
y sólo lo hemos destruido cada día más y más,
cómo, como aceptar que somos una humanidad civilizada,
cuando todos los días veo y oigo tanto crimen,
padres matando a sus propios hijos,
en quien creer si nada cambia.

Tu grandeza 12-15-20

En ese color de tus ojos vi tu grandeza,
porque fue en tus ojos donde me llené de ti,
porque emanabas amor, ternura, pureza,
y así me incliné a buscar la forma de enamorarte,
porque tú fuiste el Angel de amor que el cielo me envió,
hoy ruego porque nadie ni nada te separe de mí,
en ti encontré a la mujer más especial para amar,
hoy que la vida y el cielo nos unió,
hoy agradecido al cielo ruego porque nos dejen vivir juntos,
vivir juntos dónde realizaremos nuestra tarea al amarnos,
tarea como bajar del cielo seres maravillosos,
seres que hagan perdurar nuestras vidas,
que lleguen a copiar de ti tu grandeza,
unámonos en esta vida con todo el amor,
con ese amor que en tus ojos vi,
que denoten cuánta labor en tu grandeza hay,
porque nunca conocí a nadie como tú,
tú, que sé que eres la única mujer en que encontré amor,
un verdadero amor puro y celestial,
tú, llevas la corona para ser la Reyna de mi vida,
déjame amarte por siempre y para siempre.

El mar y tú 20-03-21

Camino a tu lado por la orilla del mar,
y el aire, los olores y el calor de tu cuerpo,
todo, todo me hace disfrutar de esas caminatas,
a tu lado hay toda clase de alegrías y armonía,
contemplar el horizonte donde lo azul del cielo lo embellece,
y que decir cuando en sus aguas nadamos,
todo se finca en una maravilla de vida,
sé que la vida no es eterna,
pero nuestro amor con todas estas maravillas lo será,
nadar, bucear, navegar por el mar,
todo es una gran experiencia de vida,
y cuando de tu mano lo hacemos,
es la más grande aventura de nuestro vivir,
yo de tu mano contemplo toda esta grandeza,
y sé que las tormentas, huracanes maremotos,
son parte de su sistema de su existencia,
pero enfrentar todo lo grandioso del mar es vida,
como el protegernos de los peligros del mar,
pero el disfrutar del mar a tu lado es vida y amor.

Una estrella   26-03-21

Cuánta tristeza invade mis pensamientos,
al recordar tu canto maravilloso,
tú fuiste la estrella que inspiró mi vida,
sin embargo tu sólo brillabas por la noche,
mientras que yo dormía después de escucharte cantar,
pero el tiempo me demostró lo que realmente eras,
si, eras tan sólo como las estrellas que brillan de noche,
porque para ti fue muy fácil abandonarme,
dejarme en esta pesadilla de vida,
en la que por más que luche por realizarme, nada,
pues sin ti la vida fue muy difícil,
una vida que yo no esperaba tener,
porque tú eras mi madre la que me dio la vida,
y que nunca pude entender tu abandono,
yo siempre te vi como la estrella que eras y te adoré,
sí, te adore por lo que representabas para mí,
y no, no puedo encontrarte en esa constelación,
en esa en la que te perdiste,
una y millones de veces lloré por tu abandono,
porque nunca te encontré y hoy sé lo que es,
que nadie me amara, porque ni tú lo hiciste,
sólo me queda vivir en la oscuridad.

La luna y tú 26-03-21

Me dejo impresionar ante ti bajo la luz de la luna,
y veo el porque me enamoré tan intensamente de ti,
porque tu esplendor es como el de la luna,
esa luz que nos ilumina en la inmensidad de la oscuridad,
y es así como iluminaste mi vida,
llenándola con grandes esplendores con tu amor,
¿Cómo no habría de enamorarme de ti,
si bajo la luz de la luna brilla la gran belleza de mujer,
una mujer talentosa, trabajadora y demasiado amorosa,
yo te comparo con la luna al querer conquistarte,
si sé cuán difícil será, porque es como viajar a la luna,
tú me inspiras y me llenas de imágenes tuyas grandiosas,
tanto como es contemplar la luna por las noches,
al conquistarte nuestras noches estarán plenamente iluminadas,
para amarnos intensamente como si estuviéramos en la luna,
yo te amaré tanto como ha sido iluminarme con la luna,
porque esa luz me inspiro para encontrar una mujer como tú,
y así amarte por todo el resto de mi vida,
porque será tan espectacular como una noche de luna llena.

Oh Dios mío   28-03-21

¡Oh gran Creador! que has creado este Universo,
en donde somos parte de Tu creación,
sé sin pruebas que otros mundos posiblemente has creado,
que sé y comprendo la maravilla de Tu creación,
que en esta parte de Tu Universo estamos nosotros,
por eso hoy Te invoco y Te ruego por un momento de Tu atención,
si sé que tan difícil es el escucharme porque tu Universo es inmenso,
y que una creatura tan pequeña como yo,
suena casi imposible ser escuchado por ti,
pero ante tanto problema que es el vivir aquí,
hoy te ruego por ese pequeño cambio en mí,
esa vida que Tú me diste y me has dejado vivirla,
pero mi ruego es tratar de dejar tanto sufrimiento,
mis enfermedades son las que me acercan a Ti,
sé que somos millones los que padecemos enfermedades,
pero sólo deseo cambiar un poco mi vivir,
sí, para dejar en mejores condiciones a quienes me permitiste,
sí, traerlos a esta vida, por ellos Te ruego, Te imploro,
en millones de formas, ayúdame un poco,
para cambiar sus vidas,
y así poder a llegar a Tu Reino a servirte mejor.

Voltea a mi

31-03-21

¿Cómo hacerte descubrir el amor y la pasión que por ti siento?
cuando te encontré cree tantas imágenes con tu belleza,
hoy que he podido acercarme a ti siento que sólo a ti amaré,
porque hoy veo que una mujer como tu jamás encontraré,
tu belleza, tu carácter, tu voz ¡Oh Dios! nadie es igual a ti,
por eso hoy se ha creado en mi mente y mi corazón el amor por ti,
camino siguiendo tus pasos y sólo veo tu belleza,
todas las melodías se entonan contigo,
hoy el conquistar tu amor es mi prioridad,
sé cuán difícil será convencerte de cuánto te amo,
que ruego a Dios porque voltees a mí,
que he seguido tus pasos tratando de que me veas,
quiero hacerte ver en mis ojos lo que has despertado en mí,
sí, un amor tan grande que deseo unirme a ti hasta mi final,
que en mi corazón hay tanto amor por ti que sólo tú lo iluminas,
y que así como tu iluminas mi ser así deseo hacértelo sentir,
demostrarte que mi amor por ti es puro y será eterno,
que sólo en ti puedo cifrar todas mis esperanzas de amar,
voltea a mí y descubre el mundo de amor que en mí encontrarás,
que nadie podrá ofrecerte en este mundo la felicidad
que mi amor te dará, ven, ven voltea hacia mí.

Te he perdido 25-04-21

Con mis sentimientos rotos por tu partida,
hoy en medio de mi tristeza bailo solo,
y mi ser llora por haberme tú dejado solo,
yo que tanto te he amado,
que noches enteras gocé de tu amor,
que por todo el mundo que pudimos nos amamos,
que todo en nuestras almas todo parecía alegría,
hoy en medio de este llanto me pregunto,
porque si yo te dediqué mi vida entera,
sí, yo que tanto luché porque nada nos faltara,
que a la vida le rogamos no perderla,
que mi mayor empeño fue tu felicidad,
que todo era como pagar el amor que me diste,
pagarlo en medio de tantos logros de amor,
porque yo te he amado con todas mis fuerzas,
pero hoy que has partido en medio de esta Pandemia,
hoy busco en medio de mi llanto alcanzarte,
hoy yo no puedo vivir en este mundo,
sin ti ya no lo hay, tú fuiste el mundo para mí,
sí, tú fuiste la razón más fuerte de mi vivir,
¿Cómo? Si todo lo hice por nuestro amor,
Hoy pregunto y lloro en medio de mis gritos,
¿Por qué? Porqué te he perdido,
Yo siempre te cuidé, busqué lo mejor para ti,
pero esta Pandemia te ha arrebatado de mi lado,
cómo podré superarlo sin ti, si tú lo fuiste todo,
¡Oh! ¿Dónde te podré encontrar?Maldito virus que te arrebató de mi lado.

Tú la perfección de mujer 24-04-21

Al tiempo ruego porque a mi corazón vuelvas,
tú que me impactaste con tu voluntad por el amor,
por ese amor que llenaría tu soledad por toda la eternidad,
porque eso fue lo que te ofrecí con mi amor,
una vida de felicidad ternura y compañía eterna,
porque siempre deseé encontrar una alma como la tuya,
hoy sé que a nadie podré amar como a ti,
tú impactaste mi ser con tu mirada,
con ese rostro para mí, con una belleza impactante,
hoy quiero encontrar el camino que te devuelva a mí,
por eso busco ese amor que representas tú,
tú con la que nunca podré sufrir un desamor,
y menos con falsedades o mentiras,
porque en ti vi el alma de un ser puro y leal,
en tí no vi formas equivocadas para amarte,
por eso hoy te busco porque en el cielo te reflejas,
sí, como un ser inigualable,
capaz de hacerme vivir dentro de tu amor,
ese amor que lo llena todo en el vivir,
que no habrá soledad ni olvidos,
tú eres un ser que llena las mejores cualidades de mujer,
a tu lado puedo vivir creando mis sueños,
esos sueños de impactar al mundo con mi trabajo,
porque a tu lado podré realizar tantas obras,
que no puedo pensar en que me abandones,
por eso te ruego vuelve a mí,
vivamos el resto de nuestras vidas juntos.

Mi vivir   28-04-21

Pasan los años sobre mí,
y todo lo que deseé empezar como grandeza me equivoqué,
sé que en la mayoría de mis propósitos también,
como amar, lograr una profesión, un ejemplar empleo,
y nada, nada se me logró como lo deseé,
en el amor todo lo malo se convirtió en culpas mías,
nunca logré ser amado como yo amaba,
busqué lo mejor para esos seres que traje al mundo,
y sólo logré que me guardaran mucho rencor,
porque no todo lo que deseaban lograr se les cumplió,
sí, al igual que a mí pero sí con cierto logro mayor,
en el amor todo fue una equivocación mía,
nunca logré ser amado con la misma intensidad mía,
me llené de odios y rencores por las acciones de quien me rodeé,
sin familia o Padres desde que nací,
¿Cómo aceptar no ser un hijo deseado?,
¿Cómo vivir una niñez y adolescencia como huérfano?,
vivir en la calle y alimentarme como podía,
sí tuve grandes emociones y aventuras en mi vida militar,
el ver cómo era el mundo exterior,
ver cómo era el navegar por los Océanos,
tantas aventuras, pero que solo a mí me sirvieron,
sí, para apreciar el vivir en este mundo,
por eso siento que no logré lo que anhelaba,
siento haberme equivocado en tantas decisiones,
que hoy que a la muerte espero, posiblemente sea la felicidad,
de quienes me rodeé y conviví.

Atrás de ti 28-04-21

Mira detrás de tu vida,
aquí he estado detrás de tu vida y de ti,
siempre ofreciéndote mi amor,
un amor para proteger tu vivir,
ven voltea, veme, aquí estoy yo,
siempre dispuesto a amarte y guardarte,
guardarte de cualquier peligro,
yo estoy aquí para llenar tu vida de amor,
yo estoy aquí siempre con un ramo de gardenias,
para con mis deseos embelesar y encantar tu vida,
y también llenar tu vivir con música,
piensa que mi amor por ti está lleno de pureza,
que solo espero tu mirar para enamorarte,
porque no encontrarás alguien que te ame como yo,
ven, voltea hacia mí que yo te amo con sinceridad,
solo es con una justa y sincera verdad,
yo te amo y la vida a mi lado será sin culpas,
tan solo te pido voltea hacia mí,
yo te estoy esperando para eternizarme con tu amor,
nada ni nadie puede igualarse a ti,
no dejes que la vida nos maltrate,
no dejes que en el ayer queden mis deseos de amarte,
ven, yo te amo, yo te deseo, yo quiero vivir contigo,
no dejes que el viento borre mi amor por ti,
yo estoy aquí para amarte eternamente.

Vacunas   02-05-21

Recorro los caminos para reencontrarte,
esa armonía que nació al conocerte me cautivó,
y la vida nos hizo unirnos en el amor,
pero me dejaste en esta tristeza,
en esta soledad que yo no puedo soportar,
tu grandeza de mujer fue siempre inigualable,
todo entre los dos fue amor, pasión y vida,
en ti lo encontré todo para sentir que vivía,
que vivía en medio de un paraíso,
porque nadie me había ofrecido amarme como tú,
las tardes eran un preámbulo de tu amor,
vivir en medio de noches aún tormentosas tú lo eras todo,
todo era en tranquilidad y en ardiente amor,
tú nunca me hiciste sufrir en mi vivir,
y ahora que has caído en esta Pandemia no puedo vivir,
todo es amargura y tristeza en esta pesadilla,
te amé tanto que no me di cuenta de lo que nos rodeaba,
y está Pandemia te está arrebatando de mi vida,
el ver como sufres es un calvario,
nunca me imaginé con la facilidad conque te estás salvando,
esa vacuna, que ha sido el milagro que nos hizo revivir,
hoy que nuevamente vivo con tu amor sin dolor es vida,
una vida que nunca podré volver a descuidar,
amarte y cuidarnos será mi trabajo y mi meta.

Mi ignorancia 12-05-21

¿Cómo caminar en la soledad y la tristeza,
Yo que tanto te amé, que contigo desborde mi amor,
hoy que no te encuentro, no logro vivir,
vivir como era con tu amor tan especial,
porque tú me entregabas lo más hermoso de ti,
tu alma, tus besos, tus palabras, tu amor, tu pasión,
nada encuentro en esta soledad sin tu amor,
yo deseo encontrarte aunque sea en el cielo,
hoy que oigo nuestra música me entristezco más,
esas melodías con las que nos enfocábamos en el amor,
esas melodías nos hacían amarnos profundamente,
pero aun a pesar de los años nuestro amor perdura,
y es hoy los momentos para amarnos profundamente,
porque por eso hoy te busco con tanto esfuerzo,
porque es sentirme muerto sin ti,
yo no puedo vivir sin lograr encontrarte,
sí, para amarnos como en nuestros primeros años,
siempre te he amado y encontrarte es hoy mi mayor ilusión,
pero creo que estoy ciego porque no comprendo,
no puedo comprender que el cielo te arrebato de mí,
yo no puedo aceptar la tragedia que nos ha impactado,
porque en mi desesperación no puedo aceptarlo,
sí, el haberte perdido, porque hoy siento haber perdido la razón.

Gaby Adelle   12-10-20

Hoy en el correr de los años te veo,
la pequeña que con tanto amor cuidamos,
hoy comienza su adolescencia,
y nos llena de orgullo, amor y ternura,
el ver cómo has crecido de aquella linda bebe,
hoy caminamos a tu lado para contemplarte,
la pequeña que comienza a madurar,
porque hoy que hemos sobrepasado esta Pandemia,
el ver que tú y tu pequeña hermanita,
así como tus Padres lo han superado,
hoy nos sentimos aliviados de no verlos en tragedia,
porque tanta gente que se ha ido nos impactó,
el saber que a Ustedes les había tocado fue muy difícil,
pero hoy el ver sus sonrientes caritas, es vida,
ya solo nos queda seguirlas cuidando,
para alcanzar verlas logras sus metas,
apoyarlas en todo lo que podamos,
porque siempre será una gran realización verlas lograrlo,
siempre estaremos llenos de amor para Ustedes,
así como nos enfocamos a su Madre,
una de nuestras amadas hijas que nos dio amor y logros,
por eso estaremos con Ustedes como lo hicimos con ella,
amor y logros es lo que podremos ver en Ustedes.

Entre rosas y gardenias   14-05-21

En el canto de las rosas y las gardenias,
me llevan a buscarte entre ellas con toda mi ansiedad,
porque tu belleza resalta más con ellas,
lo que hace que mi corazón palpite más por ti,
el amor que me produces me llena de aromas y bellezas,
porque solo tú enciendes la pasión y el amor en mí,
por eso quisiera rodearte más de rosas y gardenias,
para que tan solo el tiempo a tu lado ni lo sienta,
no lo sienta por tanto amor que en mi ser produces,
al tiempo me encomiendo porque unidos siempre estemos,
que nuestra unión perdure hasta la eternidad,
porque en cada beso y entrega tuya es lo que a mi corazón induces,
tú que eres un Angel del cielo que bajaste a amarme,
deja también que los aromas y los pétalos adornen tu rostro,
y así podré amarte cada día, cada noche con tanta intensidad,
tú eres lo más sagrado de mi vivir,
ya nada me distrae y solo mi vida está dedicada a ti,
te amo y te amaré por siempre con la mayor fidelidad,
hoy que te he amado tanto no encuentro más palabras para describirte,
porque como un Angel del cielo rodeada de rosas y gardenias,
tu eres la guía al amor y la pasión para mí,
y ni la muerte me has hecho sentir que nos separe,
te amo con todas mis fuerzas y será por siempre.

Tu cantar   18-05-21

Mi corazón solitario está,
y tú has venido a cantarme para llenarme de amor,
a dejar mi triste soledad para cambiar mi vivir,
porque has venido a mi vida a conquistarme,
a llenar mi vida de grandes ilusiones y no de tristezas,
tu has entendido que es lo que mi corazón necesita,
sí, una vida llena de fe en mí y de tu compañía,
¿Cómo no sentir toda esta alegría con tu cantar,
Tu eres el ser maravilloso que me has venido a cantar,
a cantarme con cuanta alegría podemos llenar nuestras vidas,
el crear un mundo de sueños para convertirlas en realidades,
sí, porque eres un ser inigualable,
porque lo llenas a uno de grandes proyectos,
todo por realizar el sueño dorado de una vida plena,
una vida plena que se llene de todo,
una vida en la que podamos cantar a cada nuevo día,
porque tienes en tu corazón tanto que no deseas soledad,
que no deseas frustraciones ni tristezas,
vamos a ganar en la vida que construiremos,
una vida incansable y quizás con seres maravillosos,
seres que serán una hermosa herencia tuya,
maravilla de vida que podemos tener con tu amor,
yo me dedicare a luchar en este mundo por tu felicidad,
juntos lograremos nuestras vidas como en un Paraíso.

¿Cambio?   18-05-21

Vivir con la esperanza de un cambio,
y que se ve tan imposible por tanta corrupción,
ver cómo la gente vive en la miseria y el hambre,
es convencerme cuán difícil es ese cambio,
porque todo parece controlado por grupos,
mientras que toda la humanidad lucha por ese cambio,
pero no lo dan y entre más difícil sea, ellos lo disfrutan,
ver como por todo el mundo se vive entre guerras y miserias,
que hoy están muriendo por millones ante la Pandemia,
¿Qué podemos esperar? Si a nada nos dan oportunidad,
si tenemos que luchar diariamente por sobrevivir,
y con esa esperanza que bien se ve que nunca cambiara,
lo único que me impulsa a vivir en esta miseria es,
el recordar todos los momentos felices que viví,
cada canción o música que me llego a lo más profundo de mi,
viviendo en esos momentos que fueron llenos de inspiración,
porque me incitaban a la alegría o a la tristeza,
porque eran música que entonaban todos los santos,
cantos por armonía, amor esperanza y felicidad,
el romanticismo a lo que me inducían,
por eso siento que el cambio nunca llegara,
que debo caminar como si desfilara,
sí, con los acordes que en mis recuerdos tengo,
debo vivir en la fe y la alegría de la vida.

Gaby Adelle   19-05-21

Al mundo te debes dirigir,
hoy que la juventud está llegando a ti,
hoy que podemos ver en tus hermosos ojos tu juventud,
hoy que podemos admirar ese cambio en ti,
de la hermosa y pequeña bebe que recordamos,
y que hoy te contemplamos tu infantil juventud,
porque aun tus ojitos son tan hermosos como cuando bebe,
pero también hoy es tiempo de ayudar en nosotros,
ayudar en tu educación y en tu vivir,
que puedas empezar a realizar tus metas,
claro sin muchos problemas,
porque si de bebe cooperamos con tu desarrollo,
hoy debemos de hacerlo para asegurar tu vida,
tratar de que no te falten las ayudas para lograrlo,
tu encanto y la belleza de tus ojitos nos incita a tu ayuda,
no deseamos ver en ti tristezas ni miserias,
sí, al igual que tu hermanita y tus primos,
deseamos con todo el corazón estar en su ayuda de ellos y de ti,
tarde o temprano sin importar como estemos,
daremos siempre la ayuda que podamos dar,
que tu felicidad sea plena y sin dolores.

Bestias o Humanidad   19-05-21

Un mundo colapsado por una Pandemia,
hoy sus seres no paran de matarse con sus guerras,
cuanto dolor y tristeza ante tantos muertos y heridos,
ver cuántos niños quedan huérfanos duele,
ver que en ninguna parte lo consideran,
que la miseria por la corrupción y la inutilidad domina,
porque las autoridades se ven como parte de ellos,
de esos traficantes de todo y que no les importa a quien maten,
que por esa miseria y terror huye la gente de sus países,
¿Cómo entender tantos muertos, miseria, drogadicción y tanta
Maldad?
por eso yo me pregunto ¿Cómo es posible?
y no encuentro respuestas en el mundo entero,
ver que a nadie le importa la vida de los demás,
que casi todos se comportan como bestias,
matando, robando, destrozándose o participando en esas guerras,
¿Cómo poder vivir entre tanta maldad?
Hoy se ve que la muerte de millones en las guerras mundiales-
de nada sirvió,
porque seguimos en el odio y la ambición,
que nadie quiere quedarse en la miseria,
que lo único que les impulsa a vivir como bestias,
es el hambre o el poder de algunos.

¿Amor o desamor?   7-06-21

Al tiempo ruego por volver a sentir el amor,
porque fue tan real y sincero que llore demasiado,
si, por no saber reconocer ese gran amor que encontré en el tiempo,
en esos tiempos de juventud que encontré verdaderos amores,
porque la vida me marco en el tiempo del desamor,
en ese, que por más enamorado que estuve,
no era cierto el amor que había encontrado,
y que a ese amor uní mi vida entera,
sin pensarlo ni analizarlo ni valorarlo,
ese amor que se me dio sin condiciones,
pero que estuvo lleno de vacíos,
de esos que en el tiempo descubres y ves el desamor,
ese desamor que cuando lo viste, demasiado tarde fue,
porque los años me cayeron encima,
y por más versos o poemas, no había respuestas,
porque amor por mí no lo había por más que lo dude,
siempre me cobije en la obligación que el amor me marco,
¿Cómo, cómo pude ser tan ciego y no ver lo que no había?,
Que el amor que se me entregaba solo era por cumplir,
que esos sentimientos de amor profundo no existían,
porque hoy la realidad de mi vida ante ese amor,
solo será esperar el final del viaje,
porque ahora sé que nunca hubo amor, solo responsabilidad,
si por cumplir sin explicar la frialdad de ese supuesto amor.

Los recuerdos inolvidables 6-06-21

Brotan en mi mente tantos recuerdos,
que hoy quisiera mover el tiempo,
sí, para regresar a aquellos momentos hermosos de mi vivir,
tan especiales que fueron muchos, unos en mi niñez,
y otros cuando adulto, el caminar por aquellos parques de niño,
cómo olvidarlos o cómo regresarlos si quedaron tan lejos en el tiempo,
cómo regresar a esos tiempos de mi niñez,
porque las aventuras las tuve en mi niñez,
tales como el viajar a las montañas en tranvía,
el pasear por el centro de la Cd de México en tranvías antiguos,
y los viajes a la escuela primaria en tranvías o trolebuses nuevos,
el recordar los cantos de mi madre,
el ver cómo fue evolucionando mi adolescencia,
dónde el amor de juventud de esas hermosas chicas,
donde el componer palabras de amor se me volvió mi tarea,
vivir aquellos momentos de mi adolescencia fueron vibrantes,
porque llenaron mi mente de apasionados recuerdos,
y en mi vida adulta el recordar mi vida de Cadete,
esa vida dura pero llena de grandes enseñanzas y aventuras,
el recorrer esos Océanos de maravillas inolvidables fueron,
y qué decir de aquellos amores tan breves pero tan inolvidables,
cómo borrar de mi mente tan bellos recuerdos,
sí, inútil es porque nunca los podré olvidar,
siempre con la música los recordaré con mucho amor.

La verdad o la mentira   05-06-21

Hoy sé que he despertado a la realidad,
una realidad muy dolorosa porque nada parece verdad,
amar y luchar por ese amor que no existía,
duro y odioso fue porque de falsedades estuvo lleno,
yo amé con toda mi pasión y verdad,
sin embargo la falsedad estaba en mi puerta,
sí, porque no había amor solo obediencia,
a esa que era para crear la vida que tuvimos que enfrentar,
sin amor y solo tristeza,
cómo reaccionar cuando compruebas que no te amaban,
que tenías que labrar la tierra por ese amor,
quien podría creerme que no tenía amor,
que yo amaba, pero sólo recibía el cumplir los deberes,
deberes que se fueron formando con los seres que trajimos,
sí, a este mundo lleno de maldad,
esa que parecía que me rodeaba,
porque yo trataba de amar intensamente,
sin darme cuenta que no había reciprocidad,
hoy los recuerdos me doblegaban y nada puedo entender,
amor o hipocresía nunca lo podre saber,
hoy que la vejez ha caído hoy solo vivo recordando,
sí, mis viajes trabajando por mis sueños de superarme,
pero claro hay más tristezas por lo que no logre,
porque mi vida se llenó de mentiras y frustraciones.

¿Respuestas?   12-06-21

Al cielo encomiendo mi más profundo ruego,
para encontrar respuestas a tanto dolor,
dolor que por el mundo he padecido,
rogué por una salvación a mis grandes pesares,
y aún no encuentro respuestas,
mi vida casi se acaba,
he caminado en esta mi vida tratando de sobresalir,
y casi nada he logrado para ser reconocido,
tanto por la humanidad como por Dios,
el tiempo ha pasado y comparo a mi madre,
con la madre del hijo de Dios,
y no puedo encontrar respuestas a su amor hacia mí,
un amor vacío donde solo soledad me rodeó,
hoy que veo la grandiosidad de su Iglesia,
el dolor es mayor en mí por esa soledad,
por esa dicha que a mí no me rodeó,
siempre busqué la esperanza de un futuro con amor,
y difícil ha sido encontrarlo,
nada me ayuda a descifrar mis sufrimientos,
solo me he impulsado a cumplir con mis sueños,
sueños que si no fueron de grandeza,
si fueron de deberes por cumplir,
proveer amor, paz, enseñanzas escolares,
todo por realizar esos sueños que de juventud ambicioné,
pero que no hubo apoyo para mí.

Al tiempo pido   30-06-21

Al tiempo pido volver a mis sueños de juventud,
aquellos en que soñar en encontrarte era mi más grande sueño,
y sí, se me cumplió y el amarte fue mi pasión,
tú la mujer más soñada por mí,
la que me demostró amarme toda la vida,
y es por eso que al tiempo le pido volver,
volver a vivir esos tiempos de amor,
tiempos maravillosos que vivimos juntos,
y hoy me doy cuenta de cuánto amor disfruté contigo,
y por eso sé que ahora solo el vivir en ese paraíso es vivir,
que hoy debo sellar el pasado y vivir en el presente,
porque hoy podemos coronar nuestro amor,
la miseria y la soledad se volvieron tristes imágenes,
tu amor fue tan indisoluble que por más de 50 años ha durado,
todo lo que puedo ambicionar del amor tú me lo das,
las noches de luna llena a tu lado, eternizan mis pensamientos,
y hoy solo la dicha de tu amor prevalece en mi corazón,
es por todo ese pasado que hoy aterrado estoy,
porque parece que mi final está cerca,
los dolores y las fuertes sensaciones físicas me estremecen,
por eso hoy pido al tiempo volver,
quizás ya no sea la gloria de seguir viviendo,
y eso me lleva a la tristeza y las lágrimas,
porque en pánico vivo con mis enfermedades.

Mis melodías   02-07-21

Que callen las aves,
porque mis melodías las haré sonar,
porque nadie puede igualar el fondo musical,
con ellas bailaré, cantaré,
con el amor de mi vida,
porque solo en las melodías confiaré su alegría,
esa que me enseña cuando en mis brazos las escucha,
que el mundo guarde silencio ante tanta belleza musical,
y es entonces cuando mis palabras brotan para su amor,
porque al mencionarlas o cantarle la conquisto,
porque las serenatas que le regalo, ella me entrega su amor,
y mi inspiración a su amor y entrega me embelesa,
y nada del mundo me distrae en la plenitud de su amor,
solo ella ha sabido conquistar mi corazón y mis sentimientos,
y sé que a su lado la vida perdurará con grandes ilusiones,
sí, en el encanto de su belleza y su gran amor por mí,
veo que ni las tormentas con su lluvia entristecen nuestras vidas,
la eternidad espera que siempre nos amemos,
que rodeemos nuestras vidas de colores y romances,
porque hasta las flores nos ofrecen su belleza,
esa belleza de colores y aromas que nos han acompañado,
porque nuestro romance lo hemos aromatizado,
con gardenias, rosas, alcatraces y más,
sé que nuestro amor se ha fincado en realidades,
en la realidad de amarnos verdaderamente,
sí, con nobleza, pasión y pureza.

Yo en mi lucha   02-07-21

Descargo mi corazón y mi mente,
de dudas, pesares y tristezas,
y me abro a la plenitud del amor y la alegría,
porque el pasado ha caído en el viento
hoy veo solo la grandeza de la vida,
me enfoco en el amor, las alegrías que la vida da,
cómo no caminar hacia esas maravillas de la vida,
la que nos rodea de luchar por vivir en paz,
con esfuerzo de mejorar todo lo que a mi vida llegue,
porque hoy siento que he encontrado el camino,
el camino a mi futuro lleno de luchas,
sí, por engrandecer mi vida y la de los que me rodean,
debo crear lo más grandioso para que parezca un paraíso,
y que nunca sea una tortura el vivir a mi lado,
debo aprender a tener fortaleza para vivir,
porque hoy el amor de mi vida confía en mí,
que me ha puesto su amor en mis manos,
hoy debo engrandecer nuestras vidas,
ser un siervo del Señor de los cielos,
para que todo lo que toque se vuelva parte del cielo,
por eso hoy me enfoco en esa fortaleza,
la que he aprendido en la vida,
para ser un siervo del Señor de los cielos y no un ser infernal.

El mundo

04-07-21

El amor y la perseverancia hacia Dios debe propagarse,
que entendamos que todos vivimos en este mundo,
un mundo en el que se nos proveyó de todo,
sí, para compartir todo lo que necesitamos para vivir,
que el alimento, medicinas y Doctores deben ser para todos,
que no podemos ni debemos propagar la maldad,
que tenemos el completo raciocinio para sobrevivir en el mundo,
que todos debemos ayudarnos los unos a los otros,
que nuestro vivir debe estar acompañado de bondad y música,
que es muy difícil sobrevivir sin un alimento bueno,
que todos debemos luchar porque haya fuentes de trabajo,
que debemos ayudarnos para tener un hogar sano,
que no debemos nacionalizar ningún pedazo de la tierra
que está hecha para que todos la compartamos,
que es sumamente necesario el comprender qué somos,
que Dios nos creó en este mundo a todos por igual,
que es lo que El espera de nosotros como Humanidad,
que El nos ha dado la gracia en su mundo,
que debemos respetar sus leyes y designios,
como el amaos los unos a los otros,
que vivimos para crear y no para destruir su mundo,
que debemos de luchar por sobrevivir con amor entre todos
siguiendo las leyes de Dios.

¿Vivir sin ti? 21-07-21

Vuelve, vuelve que fuiste tú el amor y la pasión de mí vivir,
¿Cómo podré vivir en está soledad sin ti?
Cuando tú llenabas de alegría con tu figura las calles,
Sí, las calles donde paseábamos nuestro amor,
tú eras lo más ardiente de mi amor,
y hoy sin ti, mi vida está como en un glaciar,
porque el despertar con tu amor era vivir,
vivir sin soledad ni tristeza,
con tu amor todo era revivir cada día de nuestro amor,
y hoy, no lo hay, sólo soledad encuentro,
camino por las calles buscándote cada día, pero nada encuentro,
ni en los días de fuegos y truenos artificiales que vivimos con alegría,
hoy todo es soledad y sin nada que me aliente a vivir,
ven vuelve a mí encendamos las luces de nuestra vida,
esto es hoy sólo oscuridad llena de soledad,
comprende que tú fuiste siempre la ilusión de mi vida,
nunca me interesó saber de tu vida pasada, tú me amabas,
y eso era todo lo que llenaba mi vivir,
porque tú siempre fuiste el amor de mi vida,
todo, todo esa pasión y lucha por vivir nuestras vidas,
ven, ven no me dejes vivir en esta soledad,
regresa a mí, oh Angel de las estrellas,
ven y llenarémos la nave con amor,
porque sólo contigo viajaré a los Cielos.

Sin posibilidades 13-08-21

Sin la posibilidad de un arrepentimiento,
es y será el haberme enamorado de ti,
nunca, nunca podré reclamármelo,
tú y sólo tú llenas mi corazón y mi mente,
mi amor por ti me ato á ti hasta la muerte misma,
sé que nunca me creerás pero sólo a ti amo,
yo no vi en ti belleza de mujer ni nada físico,
sólo a ti te vi en la oscuridad de mis sufrimientos,
sí, como lo único que podría llenarme de amor y pasión,
y sólo a ti una y otra vez lo diré siempre,
sólo a ti amaré por toda mi vida hasta la eternidad,
porque sólo a ti he podido entregar mi alma,
porque sí, mi vida estuvo llena de desgracias y sufrimientos,
sí, al ver tus ojos todos mis sufrimientos desaparecieron,
y todo, ha sido verdad tú, tú y nadie más,
eras y serás para mí lo más grandioso de mi vivir,
sólo tú tienes tanta belleza para ser lo más preciado de mi vida,
tu valor es inmenso porque eres la mujer más hermosa,
y tu forma de amar es lo que ha sellado mi corazón,
sí, para exclamar que eres tú el amor de mi vivir.

¿Vacunarnos o morirnos?   16-08-21

¿Cómo entender el pánico que siento?,
ya que los contagios están matando tanta gente,
gente que por su terquedad no se han vacunado,
siento el pánico como si viera una batalla, Muertos por todos lados,
una batalla en que la gente se mata por seguir sus patriotismos,
sí, como cuando pasamos por esas terribles guerras,
yo no entiendo cómo la gente sin ninguna justificación se está matando,
y de esa manera nos están contagiando mortalmente,
le pedimos tanto a Dios que nos salve de esta Pandemia,
pero nosotros debemos mejor combatir nuestra terquedad,
si Dios nos va ayudar es el mejor camino,
sí, el mejor es vacunarnos y acabar con la Pandemia,
ayudemos al mundo con nuestra aceptación,
dejemos de sacrificar a tanta gente con la maldad de no vacunarse,
porque esta es la mejor solución,
ayudemosnos aceptando las razones científicas,
científicas y médicas,
veamos y escuchemos a Doctores(as) y enfermeros (as),
comprendamos que no hay otra solución más que la Tecnología,
vacunémonos, no sigamos propiciando más muertes.

La más bella   18-08-21

En mi caminar por el mundo solamente sufrí,
sí porque eran muchos los alicientes que veía,
pero parecía que yo era el peor ser en mi caminar,
porque parecía que no tenía las virtudes para conquistar un amor,
pero cuando por las calles brillaste tú como el amor de mi vida,
fue ese momento para entregarte mi ser a tan maravillosa mujer,
porque en medio de las canciones que sonaban,
y la hermosura de los paisajes que te adornaban,
así fue cuando mi vida se transformó para quedar hechizado contigo,
en tu mirada no había mentiras ni falsedades,
tan hermosa tu forma de ser que llenaste mi alma de ilusiones,
fuiste como un manto sagrado que cobijó mi ser,
y desde entonces canto, bailo y lucho por tu amor y tu felicidad,
hoy bajo del cielo todos mis sueños para adorarte,
hoy veo en ti que fuiste lo más bello que se cruzó en mi caminar,
hoy veo que en ti tu inocencia llena tu belleza,
y hoy tus palabras han sido para compartir tu vivir,
sí conmigo para comenzar un Reinado contigo,
porque eres y serás la Reyna de mi vida,
amarte será lo más grandioso que el cielo me ha permitido,
porque nunca había encontrado una mujer como tú,
con esa belleza que en tu profunda mirada tienes,
esas virtudes que me llevaran a amarte profundamente,
que busqué y esperé tanto y por fin te encontré,
por eso hoy digo y ruego por amarnos eternamente.

El encontrarte   20-08-21

¡Mujer! la razón de mi gran amor y que eres tú,
en ti encontré la mejor razón de mi existencia,
porque tú has sido y serás la mujer más amada por mí,
porque nunca encontraré a alguien tan inspiradora como tú,
en esta mi vida solamente tú has iluminado mi alma,
tú has endulzado toda mi vida con tu belleza,
hoy debo cantarte, adornar tu camino para que sólo a mí me ames,
porque mi alma yo te la he entregado por siempre,
mi corazón hoy sólo palpita por tu amor,
y hoy al cielo ruego por no perderte nunca,
que jamás dejes de encontrar en mí el amor,
que sé que al igual que yo, la búsqueda de amor también está en ti,
y que al ver mi mirada tus ojos brillaron de alegría,
porque al igual que yo me diste la idea que pensabas igual que yo,
y hoy que el cielo nos ha permitido unir nuestro amor,
hoy mis planes son el encontrar el mejor rincón para amarnos,
ése donde la miseria ni la violencia nos llegue,
que finquemos nuestro amor en una realidad y no en una fantasía,
sé que tus palabras son de unidad de amor y esperanzas de amor eterno,
por eso me entregaré a tu amor como nunca,
porque en mí el amor se ha incrustado en mi ser por ti,
y es ahora que podré abandonar mi soledad,
porque una mujer tan bella y amorosa sólo tú lo eres,
sólo tú has convertido mi vida en gloria por vivir,
sí, en un eterno amor compartido contigo por siempre.

Este mundo   22-08-21

En la calma de mis sentimientos,
busco hoy respuesta a tantos desagravios,
porque vivir en este mundo es tan complicado,
que hoy siento necesidad de ocultar mis odios,
porque veo que no es posible vivir odiando todo,
la gente es tan complicada que nada los convence,
como una forma de vivir, es bajo una guerra,
pienso que es tan difícil de soportar, pero millones lo hacen,
y es complicado porque se ofrecen como soldados para matar,
y se ve tanta gente sufriendo y muriendo,
que me pregunto, ¿Cuáles son las razones?
Porque se nos dió este mundo para crear no para destruirlo,
¿Cómo aceptar tantos sacrificios?
Y no porque El Creador nos lo permita,
porque El creó este mundo para perpetuar su obra,
por eso no puedo entender o comprender tanta maldad,
como disciplina nos enseñan a matar y cómo hacerlo,
porque nos educan como soldados de la Patria,
pero morimos sin ninguna real justificación,
por eso yo mismo me pregunto,
¿Cuál es la razón de la vida?
si no queremos aceptar quienes somos,
porque yo he comprendido cual es nuestra misión de vida,
crear grandes paraísos terrenales y no destruirlos,
crear grandes enseñanzas para aceptarnos los unos a los otros,
crear mucha paz con grandes conciertos para armonizarnos,
y que sea música que nos haga amarnos los unos a los otros,
perpetuar por toda la eternidad la creación del Mundo.

Morelia

24-08-21

Cuánta tristeza hoy llena mi corazón,
hoy, mis sentimientos lloran por mi hermosa Morelia,
la ciudad donde yo nací y que en mi niñez viví,
por eso hoy puedo recordar cada lugar que veo,
como los arcos de su acueducto,
lugar donde viví mis primeras alegrías,
porque ahí justo tenía su parque de Diversiones "El Bosque",
cómo no recordar mis días de alegrías patinando ahí,
o ver el inicio del Acueducto cuando llegábamos en el Autobús,
esos lugares como Dulcerías, Cafés, Oficinas, si en los Portales,
a los Hoteles como el Hotel Virrey de Mendoza,
o ver por detrás la Placita Melchor Ocampo la hermosa Catedral,
o verla por el frente desde la Placita Olveratan hermosa,
y qué decir de su interior donde me llevaban a Misa,
¡Oh Morelia! cómo no recordar que ahí empecé mi educación escolar,
El caminar por tu avenida Madero desde la Escuela,
qué decir de tu Escuela de Conciertos y su hermoso parque enfrente,
o de tu grandiosa Plaza de Armas con su jardín y su Kiosco,
donde escuchaba a tu orquesta tocar su música,
y la Placita de Villalongín con sus Tarascas,
¡Oh Morelia! tantos recuerdos que puedo describir con tus fotos,
Tus hermosas calles con sus casas y edificios de rosa Cantera,
y por supuesto recordar la casa de mis Abuelos,
ese lugar donde empecé a aprender tanto para vivir,
¡Oh Morelia! sólo espero que pronto nos volvamos a abrazar.

Un sueño de amor   25-08-21

Sueño de mujer hecho realidad,
una mujer como pocas en el mundo,
una mujer que creí haberme adueñado de sus pensamientos,
para alcanzar su amor y hoy sé cuán difícil es,
porque insisto, sus cualidades de mujer son enormes,
alcanzar su amor sería la más grande realización de mi vida,
ella no sabe cuánto me enamoré de ella,
pero supe que alcanzar su amor es imposible,
yo sé lo grandiosa que es en el amor,
y mi mayor tormento es ése el no poder tenerla,
sé que unir nuestros corazones es un sueño imposible,
una falacia para ella, pero para mí la gloria misma,
difícil es para mí amarle tanto,
y sólo imaginar que ella me ama igual, es mi fantasía,
pero no su corazón nunca se abrirá para mí,
es como cantar una canción, sólo la lees pero nada más,
ya que para ella yo soy tan solo un fantasma,
lloro tanto por poder adivinar a quién ama ella,
cuando yo le amo tanto y sin condiciones,
porque el amarle es mi mayor sueño por mis deseos,
porque su belleza y su forma de ser es lo máximo,
¿Cómo conquistar a la mujer más deseada y amada por mí,
Sí, porque sé que para ella yo no soy nada,
que por más que trate cantándole seguirá ignorándome,
hoy sé que nada lograré ya que ella nunca volteará su mirada hacia mí,
y mí vida se centrará con puros sueños inútiles.

Mi vida
01-08-21

Me pregunto cada día ¿Por qué mi vida fue tan incierta?
¿Cómo aceptar que nadie me quisiera?
Cuando yo dediqué siempre mi vida entera a quienes amé,
Sí, sin importarme si me amaban o no,
pero la amargura de cada día que viví fue muy dolorosa,
porque por más que impulsé mi vivir en armonía,
nada aceptaban de mí, todo era desprecios o reproches,
la vida en mis estudios tuve que soportar mucha tortura,
por ese aprendizaje para llegar a ser Oficial de Marina,
pero también de nada sirvió mi aprendizaje de niño y adolescente,
por mi color de piel y mis ojos que eran la imagen de mi Abuela,
sólo una sola persona me llenó de ilusiones,
también de alegrías y esperanzas y fueron mis Abuelos paternos,
pero los perdí cuando era un adolescente,
y hoy siempre me preguntaré que hubiera sido con ellos,
fueron como Angeles del Cielo por su amor a mí,
pero crecí en este mundo de crueldades y torturas,
sí, hasta de mis propios Padres y del mundo del que me rodeé,
por eso hoy es mi mayor tragedia,
no ser aceptado como siempre deseé,
y han sido de mis propias hijas a quienes tanto amo,
y es claro tenerlas viviendo en un mundo cruel y miserable,
y es esa la mejor razón para reprocharme mi vida,
por lo que hoy me resigno a esperar el desenlace de mi vida.

Tú

2-09-21

Por el camino de mi existencia te encontré,
y hoy veo cuánta felicidad me diste con tu amor,
pero hoy no puedo descartar tanta tragedia a nuestro alrededor,
ver que tú estabas llena de cualidades,
y que con el amor que me profesaste y me entregaste,
el tiempo nos empezó a enseñar a vivir en este mundo,
en este mundo que no es fácil de vivir,
porque nuestras vidas se empezaron a multiplicar,
pero no así nuestros bienes cada vez más difícil de obtener,
pero el tiempo nos empezó a empujar en esta vida,
y pese a todos los infortunios mucho logramos obtener de riquezas,
nuestras hijas comenzaron a graduarse en las Universidades,
y la vida se empezó a transformar para ellas,
y eso ayudo a que todas lo lograran graduándose,
y hoy nuestro amor se ha coronado de hermosas realidades,
y fue nuestro amor el que nos envolvió en esos resultados,
también me envolviste en grandes emociones reales,
y hoy a pesar de tantas enfermedades estamos aquí juntos,
sí, para disfrutar y sufrir nuestro vivir con nuestras hijas,
porque nada es fácil en esta vida para no realizar nuestra metas,
pero en el amor sí, porque es el principal que nos impulsa,
ése que nos ha hecho tan felices a ti y a mí a pesar de todo.

¡Oh Patria!   2-09-21

Cómo aceptar el ver nuestro País azotado por la delincuencia,
cuando desde niño se me enseño los grandes valores Patrióticos,
como la honradez, la obediencia a las leyes, y el amor a la Patria,
ver como nuestros familiares, Padres, Abuelos estudiaban una profesión,
una que les permitiese ser Ciudadanos honestos y triunfadores,
que desde la juventud nos dábamos cuenta lo difícil de la vida,
que los delitos, drogas, robos, crímenes nos llevan a destruir la Nación,
que conforme crecemos nos lo inculcan,
que no es fácil vivir en una Nación pobre y que debemos enriquecerla,
y sí, pobre pero que debemos llenarla de grandes metas,
metas que la hagan una Nación honesta y trabajadora,
que sabemos que la naturaleza puede ser destructiva,
por lo que debemos apegarnos a la Tecnología,
esa que nos ayuda a crear pueblos y ciudades seguras,
que también debemos enfocarnos en los valores patrios,
esos que vemos en las fiestas Patrias,
que vemos desfilara las fuerzas militares y los escolares,
que nos demuestran la honestidad y rectitud de sus vidas,
¡Vamos! yo invito a todos nuestros ciudadanos a seguir perfeccionando
los grandes valores de nuestra Patria,
valores que han costado tantas vidas,
seamos honestos y trabajadores,
No seamos abusivos ni delincuentes asesinos.

Encontrarte

3-09-21

Cómo olvidar que fuiste tú el más grande amor de mi vida,
me amaste como ninguna mujer lo hizo en mi vida,
me llenaste de grandes ilusiones y de amor,
amarte fue como un milagro ya que nadie se había entregado
a mí como lo hiciste tú,
nunca había tenido una entrega de amor como la hiciste tú,
fueron tan sinceras y tan especiales tus entregas de amor,
yo nunca creí llegar amar a alguien como tú,
tan hermosa, tan sensual y tan sincera que por eso te amo tanto,
tú nunca me mentiste con tu amor ni de tu vida,
nos entregamos en el amor para pertenecernos el uno al otro,
me encaminaste siempre por senderos inolvidables,
amarte se volvió para mí como el rezar todos los días a Dios,
y qué puedo decir de ese amor que se cumplieron nuestros sueños,
amarte siempre fue como vivir en el Paraíso,
puedo jurar que nadie me demostró tanto amor como tú,
ni qué pensar en todos esos lugares donde vivimos amándonos,
todo era sembrar nuestras ilusiones y sueños,
para que todo se hiciera realidades para nuestra felicidad,
como no agradecer a Dios el haberte encontrado,
para amarte como si fueras un Angel del cielo,
por eso sé que nuestras vidas se unirán hasta la eternidad.

¿Música?   07-09-21

La belleza y tristeza de una vida han quedado atrás,
hoy son las melodías y la música las que reviven todo,
ya nada para uno es igual, especialmente en la vejez,
y cuando especialmente la pobreza nos ha golpeado duele más,
y si se desea con todo el amor revivir todos los recuerdos,
es así como uno revive cada paso vivido con cada melodía,
y vemos cuántos años han pasado,
especialmente a quienes todavía nos acompañan,
pero lloramos por todos los que amamos y ya no están,
por eso hoy al escuchar aquellas piezas musicales,
son las que nos hacen revivir como si estuvieran con nosotros,
los Padres, Abuelos, Tíos, hermanos e hijos,
recordar al sentarnos y ver películas con su música,
películas que hoy al verlas de nuevo lloramos,
o quizás nos sentamos como si las estuviéramos viendo por primera vez,
hoy soñamos e imaginamos estar en esos momentos inolvidables,
y a veces tan tristes porque nos damos cuenta del tiempo que ha pasado,
¿Cómo pensar que los años de juventud han pasado sobre nosotros?,
Recordar esos años de juventud y aventuras tan inolvidables,
¿Cómo? Cómo, si tuvimos enormes logros, pero también fracasos,
Por eso hoy yo invito a todos a recordar,
a recordar nuestros pasados con esas melodías inolvidables,
porque recordar o revivir es soñar despierto con aquella felicidad.

Tu encanto de mujer   08-09-21

Déjame escuchar tu voz, tus palabras amorosas,
déjame alcanzarte y poder tenerte en mis brazos,
déjame hacerte escuchar mi música para que la bailemos,
déjame demostrarte cuánto amor y pasión has despertado en mí,
bailemos juntos para sentir tu aroma y sentir lo valiosa que eres,
déjame unirme en tus brazos para sentir tu hechizo con tu amor,
déjame sentir tu calor y así amarte apasionadamente,
porque tú para mí eres lo más grandioso que ha habido en mi vida,
nadie que se haya cruzado por mi vida se compara a ti,
eres un verdadero sueño de amor tan sublime en mi vida,
la vida se ha tornado para mí en un verdadero paraíso contigo,
porque tus ojos, tu rostro, tu cuerpo, nadie me ha impactado como tú,
quiero convencerte que como el amor entre tú y yo no habrá otro igual,
que tú has venido a demostrarme la gran mujer que eres,
que a tu lado la vida se tornará en alegrías para los dos,
que nunca estará llena de sufrimientos,
que sólo tú eres como una Diosa capaz de manipular nuestra felicidad,
que tú eres tan romántica y sensual como ninguna mujer,
que nuestro amor trascenderá en nuestras vidas por siempre,
por eso te ruego, déjame alcanzar tu amor,
que tu amor es tan indescifrable como misterioso,
pero que tú me has demostrado tu pureza y sinceridad para amar,
juntos sólo juntos hasta la eternidad en nuestro amor.

Un mundo de amor   09-09-21

¿Porqué pensar en vivir en un mundo cruel y despiadado?
Cuando vemos una hermosa creación.
en plantas, animales, lagos, valles, montañas y el mar tan grandioso,
y añadiendo la hermosura de las mujeres,
mujeres tan hermosas que nos inspiran a crear
música, pinturas, poemas, paraísos, para las familias que ellas crean,
pero claro debemos pensar en la tristeza que nos da el hombre,
ya que no siempre mide su espíritu de destrucción,
pero al maravillarnos con la belleza femenina debemos inspirarnos,
para crear un mundo esplendoroso con flores, plantas y animales nobles,
ya que los poemas se forman en base al amor y la belleza,
ya que la naturaleza nos da flores hermosas y frutas para agradarnos,
por eso el vivir en este mundo debe ser de creación,
añadir por cada uno de nosotros un poema ya sea de amor,
o de felicitación a tanta belleza femenina por el amor que dan,
por eso nuestras mentes se iluminan con las campanas de las Iglesias,
invitándonos al amor físico y espiritual,
para engrandecer nuestros corazones de amor para quienes amamos,
y qué decir de la tierra donde vivamos,
lograr la armonía y la felicidad al acabar con el hambre,
acabando con las guerras y la destrucción,
amémonos los unos a los otros,
y gocemos de este Paraíso que Dios nos concedió.

La Reyna 09-09-21

Es tu rostro el reflejo de la belleza de tu alma,
porque sólo un alma como la tuya puede engrandecer mi alma,
porque al amarte no habrá dudas para mí,
tú descubres fácilmente lo más íntimo de tu alma,
descubres que no hay mentiras ni desamor en ti,
mi problema es cómo hacerte voltear hacia mí,
con tanta belleza tuya, difícil es enamorarte de mí,
tus ojos tan hermosos y tu sonrisa son infinitos,
para tu alma tendré que sacar de mí la mayor de mis perfecciones,
sí, para ver si tú te llegarás a enamorarte de mí como yo de ti,
si lo logro viviremos en un santuario de amor,
porque tú mereces un sueño de amor realizable,
tú con tú vestimenta y tu belleza se realza entre flores,
yo me trato de imaginar todas las formas para conquistarte,
aunque sé que con tu hermosura habrá una forma de conquistarte,
y luego amarte sin descanso mío para llenarte de alegrías,
sin pedirte que tú luches por mí para enamorarte de mí,
y poder vivir en un castillo de amor,
porque tú serás la Reyna de mi vida,
no sé cómo pero nunca dejaré de amarte,
de amarte con toda mi pasión y alegría.

Dolor por guerras   9-09-21

¿Dejar que la vida siga su curso?
¿Cómo poder pensar en eso?
Cuándo vemos tanta tragedia,
cuando vemos tantas víctimas de la ambición humana,
ver a esos niños sus caritas muertas,
¿Cómo? Cómo poder aceptar ese dolor que provoca el verlos,
Porque nosotros tenemos niños iguales,
y es cuando podemos entender ese dolor,
dolor que le producen a sus padres,
y todo por esas estúpidas guerras,
o por ese fanatismo que profesa mucha gente fanática e ignorante,
y que por su fanatismo se han dejado llevar sin pensarlo,
sí a esas guerras estúpidas sin pensarlo ni analizarlas,
cuando un país ah profanado a otro sin razón realmente,
y que por eso creen que nadie les va a reclamar sus actos,
no, no, para mí es imposible entender o aceptarlo,
y para llorarlo con todas las fuerzas cuando vemos esas tragedias,
y por eso pienso que Dios no nos toma en cuenta,
por lo malditos que somos sin pensar en el daño que hacemos,
sí, se supone que por nuestra inteligencia podemos componer nuestros
errores,
errores que cometen muchos dirigentes por todo el mundo,
la vida no es posible resucitarla,
lo que sí es posible, es reparar los errores,
errores que provocan guerras estúpidas,
para matazones tan inútiles y tan dolorosas.

¿Sueño?   09-12-21

¿Cómo llegar a alcanzar mis sueños?
Hoy pienso que no ha sido como lo soñé,
pero sí he logrado llegar a el amor,
pues en tu rostro y tus ojos lo veo,
sé que nunca descubrirás tus verdaderos sentimientos por mí,
quizás por asegurarme a tu lado con amor,
o quizás por no querer comenzar de nuevo,
pero los dos continuamos luchando juntos,
sí, luchando por vivir nuestra unión hasta el final,
porque hemos caminado juntos por nuestra vida,
y aquí estamos esperando el futuro,
quizás un futuro doloroso o quizás con amor,
por eso sé que seguiremos juntos ya que estás aquí,
que es para mí lo más escencial para seguir hasta nuestro final,
un final que no deseó sea dramático,
porque tú si lograste grabar en mí tus mejores sentimientos,
quizás yo no, pero sí me lo propuse,
sabemos que hay muchas parejas que no terminan juntos,
por eso yo te imploro sigamos luchando por nuestra unión,
terminemos orando unidos por nuestras almas.

El cielo y tú   09-17-21

Veo las estrellas por la noche buscando el misterio de tu belleza,
y recorro cada parte de ese Universo y solo maravillas veo,
pero para saber qué es lo que se esconde entre esas estrellas,
y es lo mismo que veo en ti cuando te tengo frente a mí,
miles de estrellas que me ayudan a decirte, ¡te amo!,
pero también miles de preguntas me hago sobre el Universo,
y es lo mismo que me pregunto cuando veo tus ojos,
porque al igual que del cielo, solo escucho silencio,
y es que es así como de ti escucho lo que piensas de mí,
por eso trato de viajar por ese Universo para encontrar respuestas,
tal como en ti, trato de encontrar en ti respuestas,
porque aún con la música que bailamos, no parece haber amor en ti,
bailo cada vez que podemos pero como el cielo sólo silencio oigo,
por eso me pongo a contemplar las estrellas en el cielo,
para ver si las estrellas me orientan en tu amor,
porque yo me siento tan solo aun en tus brazos,
porque tu silencio es como el del cielo por las noches,
yo me enamoré de tí tan intensamente como decir del Universo,
tú y solo tú has llenado mi corazón de amor,
que por eso me pongo a buscar en las estrellas,
ver si así podré encontrar las repuestas que busco de ti,
son miles de estrellas y por la noche brillan,
que es así como yo veo brillar en ti tus cualidades,
por eso te invoco ámame como te amo yo,
no me dejes perderme en la oscuridad del cielo.

¿Dejarme?

09-17-21

¿Me dices adiós?¿ adiós? cuando yo te amo tanto,
¿Cómo? Cómo puedes pensar en decirme adiós ahora,
Ahora que hemos vivido una vida maravillosa,
no, no, prefiero volver a enamorarte como nunca,
volver a llenarte de gardenias como en nuestro inicio,
déjame reponer cada día triste y doloroso que te dí,
déjame demostrarte cuánto te he amado,
déjame comenzar un nuevo amanecer para tí,
déjame volver a demostrarte cuan feliz fui yo contigo,
toda una vida hemos tenido y yo deseo cambiártela,
quiero demostrarte cuánto te he amado todos estos años,
que todos tus sueños de una vida de amor te los puedo dar,
déjame demostrarte que el mundo ha sido nuestro tormento,
que no fui yo, que siempre pensé que tú lo veías,
por eso me hinco a rezar para que me escuches,
no me dejes, yo he sido muy feliz contigo,
nuestras vidas se llenaron de realidades algunas tristes, pero no todas,
realidades que tú las sentiste como para atormentarte,
déjame, dame la oportunidad de demostrarte mi amor por ti,
ese amor que siempre te he profesado intensamente,
porque yo de ti siempre sentí que me amabas,
perdona mi ceguera al no darme cuenta de tu sufrimiento,
yo te amo demasiado y no podré decirte Adiós,
sólo lo podré hacer el día que me muera yo.

Oficial Militar

09-17-21

Cuánto dolor puede haber en tu alma,
cuando te das cuenta que tu servicio Militar pudo ser inútil,
que tenias que aprender todas las reglas que te enseñaron,
que hiciste todos los ejercicios necesarios para ser Oficial,
que aprendiste a amar hasta la muerte a tu Patria,
que juraste defenderla aún dando tu vida,
que la honestidad, la lealtad eran tus principales principios,
que aprendiste la historia de quienes crearon la Patria,
que aprendiste a usar todas las estrategias militares,
sí, para defender la Patria hasta la muerte,
que sentiste en ti mismo lo que era desfilar uniformado,
sí, en esas fiestas Patrias en que participaste,
que aprendiste que la traición a la Patria se paga con la muerte,
que en tus estudios estuvo el aprender las estrategias y tácticas,
todo lo necesario para destruir a los enemigos de tu Patria,
que aprendiste a conservar la limpieza de tu uniforme,
que aprendiste el uso de las armas a tu disposición,
que se te enseñó que la traición no cabe en ti,
que siempre debes de expresarte bien de tus Gobernantes,
que tú aprenderías a convivir con tus compañeros de armas,
por eso nunca debes dudar de honrar tu Uniforme y tu grado militar,
que el graduarte de Oficial será lo más valioso de tu vida.

Por los Caminos 18-09-21

Hoy que por mis caminos te he encontrado,
la felicidad nos encerrara en él amor,
porque tu eres como un Angel con toda tu belleza,
el ver tu hermoso y sensual cuerpo me hace entregarme a ti,
nadie me ha impactado como tú los has hecho,
la más grandiosa mujer que por mi camino he encontrado,
hoy los sonidos de las melodías adornan tu voz,
por eso digo ¡Cómo no enamorarme de ti!
Si has conmocionado mi vida haciéndola útil para ti,
porque debo ser para ti lo que tú eres para mí,
me entregaste lo más preciado de ti, tu tiempo de vida,
esé tiempo que hoy absorbe mi vida para dedicártela con amor,
buscando los mejores empleos para que nos enriquezcan,
para llenarte de comodidades y no de sufrimientos,
porque sé que tus ilusiones es llevar tu vida por el bien,
y que si me aceptas mi amor será para siempre,
con toda mi lucha para darte amor y tranquilidad,
he comprendido que el amor también esta fincado en el trabajo,
porque si de nuestra unión formamos una familia,
ellos deberán ser los herederos de nuestras vidas,
vidas que deben ser ejemplos y no tragedias,
y por eso veo que por mi camino te he encontrado,
te propongo la felicidad que tu buscas.

Mi Vida en el empezar   18-09-21

Se encienden mis recuerdos de mi vivir,
aquellos como el llegar a la Cd. De México,
yo con tan solo 4 años me impresionaron tantas cosas,
como las luces de los negocios, los edificios, los tranvías,
y recordar cuando a mis 6 años me llevaban a Misa,
pasearnos por ese gran parque de Chapultepec,
por eso cuando me sacaron a pasear una mañana,
ver que no era paseo que a pesar la distancia,
que era para dejarme internado en un Orfanatorio,
lugar donde iba a saber lo que era la soledad y las enfermedades,
como la pulmonía que me dejo inconsciente por días,
pero hubo una enorme alegría por 2 años,
"La casa de mis Abuelos en Morelia" dónde solo había alegrías,
por eso como no recordar esa imagen de mis Abuelos,
que creo en mi mente la del Padre que no teníamos,
esa casa donde todo era impresionante,
ver al Gobernador y sus ayudantes verlos jugar el póker,
con mi Abuelo a la cabeza como si él fuera el Gobernador,
grandes comidas, tantas impresiones inolvidables en esa casa,
pero ver que mi madre nos prometía una vida mejor,
pero yo solo la maldad de su esposo me toco,
a los 9 años salía buscar trabajo en la Cd. De México,
trabajos como lavar carros en la calle o empedrar calles,
y luego vivir casi en la calle porque no me querían,
pero llego mi juventud y la H. Escuela Naval Militar me acepto,
lugar donde tuve tantas impresiones inolvidables,
viajes de prácticas, desfiles, ceremonias, deportes,
y tantos lugares que conocer, una verdadera maravilla.

Una Hija como tú Gaby   20-09-21

Que desde que naciste me sonreíste,
una hija como tú que has sabido conquistar tu mundo,
una hija como tú que supiste realizarte en la Universidad,
y también una hermosa madre que trajiste al mundo a 2 princesas,
porque tú eres como una Reyna capaz de triunfar,
una hija como tú que ha sabido armonizar su matrimonio,
sí, para hacer de tu matrimonio lo mejor,
lo mejor para ser un ejemplo de mujer para tus hijas,
verte a través de los años cómo has logrado tanto,
tanto para hacer de tu vida una felicidad completa,
y hoy con la ayuda de tu esposo lograron la gran casa,
cómo no sentirnos orgullosos de una hija como tú,
cómo no sentir tu grandiosa vida,
cuando te hemos visto luchar desde niña,
que lograste 3 carreras Universitarias,
que te has destacado en todos tus empleos,
por eso digo que somos unos padres orgullosos,
por tener una hija tan celebre y especial como tú.

Angustia   23-09-21

La angustia y el terror me han invadido,
mis pensamientos se enfocan en poder perderte,
tú a quien he amado por la mayor parte de mi vida,
tú que supiste hechizarme en ti y tu amor,
tú que supiste darme lo mejor del amor,
hoy han pasado más de 50 años a tu lado,
hoy sé que tengo que arriesgarme a poder perderte,
pero al tiempo ruego porque no me dejes,
mira que para mí ha sido como un rezo constante a tu lado,
nada me pudo separar de tu imagen y de tenerte,
¿Cómo hoy podré soportar lo que nunca imaginé?
Te he amado día y noche, cada segundo fue pensar en ti,
no, no puedo pensar cómo podré soportar tu partida,
mi vida siempre fue vivir a tu lado desde que nos unimos,
pensando siempre en llenarte de flores y melodías,
porque tú supiste endiosarme con tu amor,
no me dejes, piensa un poco, tan sólo un poco,
y veras que podrás comprender lo que para mí significas,
tú la mujer que me dió tanta felicidad y amor,
que a tu lado nunca pensé en perderte,
te ruego, no, no me abandones yo te amo tanto,
te amo tan profundamente que no podré vivir sin ti.

Tú, el gran amor 24-09-21

Grabaste en mi mente tus mejores encantos,
poniendo en mi mente el amarte con toda mi pasión,
en tus ojos ví cuánto deseo tenías por mí,
tus expresiones de la vida eran para amarte por siempre,
en tus ojos se veía la grandeza de tu ser,
y empecé a aprender de tí lo que podríamos amarnos,
y cuando caminaba a tu lado contemplaba tu belleza,
algo que comencé a comprender que eras inigualable,
que tenía que encontrar las mejores formas para enamorarte,
porque sí, en tus ojos las veía y comprendía cuales eran,
por eso en ese primer beso que nos dimos,
todo se encendió en mí al sentir tus labios,
tú eras la mujer ideal que me llenaría de amor,
de amor y comprensión para comenzar nuestras vidas juntos,
tu aroma y el sabor de tus besos se volvió inolvidable,
fué tan intensa tu demostración de amor que me fundí en tí,
nadie me había hecho sentir lo que tú con tus labios,
toda una vida se abría para los dos,
el entendimiento por tu amor empezó a crecer,
y supe que tú eras la más bella mujer para mí,
que no sólo tu belleza física sino también la de tu alma,
por eso hoy vivo tan enamorado de ti.

Amarte en esta vida   24-09-21

¿Acaso estás comprendiendo lo que es el amarte?
Porque si no lo entiendes te pido, te ruego,
déjame mostrarte lo que puedes significar para mí,
porque yo sí he comprendido lo valiosa que eres para mí,
en la profundidad de tus ojos veo la sinceridad de tu alma,
porque eres como un ser que ha bajado del cielo,
para tratar de unir nuestras vidas y almas,
porque en nosotros está el crear seres inigualables,
seres que puedan convencer con las palabras divinas,
porque es así como tú y yo somos en esta vida,
seres inigualables capaces de cambiar lo que podamos de
la humanidad,
que les hagamos ver que en el amor esta la palabra divina,
esas palabras que nos hagan cambiar algo la maldad humana,
porque este mundo fué creado para perpetuar a Dios,
porque en el Universo no cabe ni la maldad ni la destrucción,
que debemos propagar el amor y la creación,
esa creación que nos ha dado vida y amor,
que debemos impulsar su extensión por todo el Universo.

Caty Nuestra pequeña 24-09-21

Desde que naciste nos hemos dedicado a cuidarte como a todas,
porque siempre te hemos amado como la pequeña hija,
la pequeña que requería grandes atenciones,
porque en tu crecimiento demostrabas tus deseos de superación,
y al ver que hoy has logrado muchas de tus metas,
metas que nos haces enorgullecernos más de ti,
el haberte graduado de Universidad, fue una maravilla,
y ahora al ver como sigues luchando por tu superación,
hoy queremos poner de nuestra parte lo que podamos,
porque el estar en lo que podamos ayudarte es nuestra alegría,
porque vemos la constancia en tu lucha por lograr tus metas,
veo con mucha satisfacción que tú quieres lograr lo que yo no pude,
el graduarme de la Universidad fue mi mayor sueño,
por eso hoy nos sentimos tan orgullosos de ti,
porque sí has alcanzado gran parte de tus éxitos,
a Dios le pedimos nos de vida para verte lograr más de tus sueños,
y a nosotros poder ayudarte en todo lo que podamos,
te deseamos grandes triunfos y éxitos en tus sueños y metas,

Por ti viviré   25-09-21

Sólo en la música ha sido la forma de encontrarte,
porque es así como ha llegado el momento tan soñado,
ese momento que tanto he esperado para decir ¡Te amo!
el cielo me ha iluminado para dar los pasos necesarios,
sí, para que pueda hacerte feliz en el amor,
con ese amor que has fincado en mi corazón,
que a través del tiempo y la distancia te he encontrado,
hoy puedo decir salud por haber encontrado la mujer soñada,
porque cansado estoy de buscar el amor de mi vida,
y por toda la tierra te busqué y hoy apasionado de ti estoy,
el mejor amor lo he encontrado en tu persona,
tú eres muy honesta por la pureza de tus sentimientos,
por eso me he enamorado porque nada me ha encantado como tú,
tan sólo unas palabras, unas miradas y me has conquistado,
las luces se han encendido en mi mente por tí,
tus sonrisas me han hecho dejar mi libertad,
ahora seré como un esclavo para ti,
amándote por toda mi vida y no voltearé a nada,
sólo tú y solo contigo partiré por el mundo,
para enseñar cuánto amor ha nacido entre los dos,
¡amor! sólo amor invoco al cielo para los dos.

Ríos o sequías   25-09-21

Veo el correr de las aguas en los ríos,
entre esas verdes montañas llenas de verdes árboles,
y sí, un encanto el contemplarlos, por lo robusto de sus hojas,
pero cuando las sequías llegan, el terror se apropia de todos,
sí, por los grandes incendios que destruyen todos los árboles,
porque la falta de lluvia y agua destruye tanto,
lo pobre es ver con grandes avances en la tecnología,
que nada se hace, cuando se puede traer agua de otros grandes ríos,
ríos que son producidos por los tornados y huracanes,
y que en lugar de producir tantas armas,
nada hacen por usar los recursos para llevar agua donde se necesita,
¿Cómo entender esta civilización que sólo se dedica más a destruir?,
Por eso a mí no me impulsa creer en la civilización,
porque a pesar de tantos males por años,
la humanidad sólo se ha dedicado a destruirse los unos a los otros,
y sí hoy podemos volar por los aires de un país a otro,
por eso es así como hoy pueden transportar agua construyendo acueductos,
especialmente con tuberías metálicas o de concreto,
y la electricidad para llevar el agua con que se mueven las bombas
motorizadas,
hoy se produce con generadores de viento que los mueven los vientos,
y o con las celdas solares capaces de producir electricidad,
¡oh gran civilización! enfócate en mejorar tu habilidad,
no a destruir lo poco que de tierras tenemos.

La más bella mujer   26-09-21

Mujer que he encontrado como la mejor imagen del amor,
tú das el mejor aporte a la belleza femenina con la tuya,
encontrarte esta tarde ha sido el mejor encuentro de mi vida,
tu rostro lleno de bellas facciones de mujer,
has impulsado a mi corazón la ilusión de amarte por siempre,
porque insisto tu belleza es incomparable para amarte siempre,
que cuando me hablaste te escuché como un canto celestial,
como si me dijeras ámame por toda nuestra vida,
por eso te imploro me des la esperanza real de amarte,
sé cuán difícil será, porque solo me has visto sin conocerme,
por eso te pido, déjame descubrir mi ser ante ti,
tú eres como un milagro que me dará el amor que he buscado,
por eso camino hacia ti para mostrarte cuánto puedo amarte,
porque aunque lo repita, tú eres una mujer como ninguna,
en ti veo la claridad de tus sentimientos,
sentimientos puros y sinceros, sin mentiras,
veo en tu ser la mujer ideal para unir mi vida amándote,
y enriquecer nuestras vidas en el amor y no en la angustia,
unámonos para vivir como en un paraíso,
porque a ti como a nadie amaré por toda mi vida,
tú la mujer ideal y sincera,
tan bella que no hay palabras para describirte.

Abandonar la soledad   26-09-21

Hoy que me has dado el regalo más grande ¡Tu amistad!
mira que mi vida ha sido en la soledad,
que busco la compañera ideal que me ayude a vivir,
que pueda hacer de mi vida algo valioso y productivo,
ya que por más que he luchado por salir de la soledad,
en nadie me encontré ninguna esperanza para lograrlo,
que en ti veo la posibilidad de encontrarle razón a mi vida,
porque si me comprendes tú me ayudarás a vivir,
a vivir con objetivos, metas y principalmente con tu compañía,
no me dejes seguir hundiéndome en la soledad,
dame con tu mirada la caridad de tu amor,
porque como un limosnero te lo suplico, abre tu corazón,
cansado estoy de vivir en la soledad sin ningún objetivo,
especialmente cuando sé que en algo puedo servir a la humanidad,
porque con tu eterna compañía pienso que si es posible de tener,
tu belleza, tu sensualidad, tus encantos todo en ti es lo que busco,
tu eres la compañera más soñada por mí, por todo lo que tienes,
déjame amarte como a nadie he podido amar en mi vida,
tu mirada me llenó de luz y tus labios me hechizaron,
déjame, déjame amarte como nadie te haya amado,
tú que eres la mujer ideal y perfecta para mí.

La gran mujer   27-09-21

Me dejaste con heridas imborrables,
todo por tus desprecios y tu desamor,
tú la gran mujer que quise conquistar,
que aunque puse mis mejores tesoros ante ti,
tú siempre me despreciaste sin temores,
yo que tanto te demostré cuánto te amaba,
que te demostré todos mis sentimientos por ti,
que te demostré cuánto deseaba que tú me amaras,
pero tú con tu corazón frío me seguiste despreciando,
hoy que las puertas de tu vida me has cerrado,
hoy salgo a recorrer el mundo con mi tristeza,
yo he de encontrar el amor en algún lugar,
si porque sé que me despreciaste,
porque sé que sí encontraré el amor, ese que si me amará,
por el campo o ciudades he de encontrar ese amor,
las riquezas me sobran para encontrar ese amor,
que seguro estoy, que no será por interés,
sino que cuando la encuentre se enamorará de mí,
hoy sé que no será por lástima tampoco,
porque cuando encuentre ese amor lucharé por ella,
al camino voy, aunque llorando por ti voy.

Madre   27-09-21

¡Oh Madre adorada! Que tanto adoré,
tú que al lado de Dios te encuentras,
y yo que tanto te lloré adorándote,
hoy te pido me ayudes orando ante Dios por mí,
ayúdame a probar lo que tú sembraste en mí,
que los seres que al mundo traje los puedo proteger,
así como tú me protegiste en tu vida,
ayúdame a encontrar los caminos para ello,
te pido orar ante Dios por mí para cumplir con mi misión,
para encontrar el camino que sea la solución a mis problemas,
porque sé que hay miles de millones de seres peor que yo,
pero que si tú me ayudas no dejaré miserias ni dolor,
porque tú sabes que vivir en este mundo es muy difícil,
dáme tus bendiciones y tus besos junto a tus oraciones,
déjame volver a sentirme tu niño,
ese niño que tú te encargaste de formarme,
pero que la miseria humana me ha golpeado,
que tus ruegos puedan salvarme un poco,
déjame seguir adorándote y rogando por ti.

Este mundo   01-10-21

Como en un poema me atrevo a sugerir,
que no es posible vivir en medio de una Pandemia,
yo amo la vida aunque ella no me haya tratado bien,
pero son tantos los misterios a descubrir,
que yo no cejaré en perpetuar mi vivir,
que somos nosotros mismos quienes odiamos la vida,
la vida que tiene tantas maravillas,
que yo insisto amo la vida y mi vivir,
aunque la muerte me rodea por todos lados,
porque en este mundo estamos en una naturaleza peligrosa,
y más ante una humanidad discriminatoria y cruel,
que el leer cómo millones de seres humanos se han matado,
dentro de esas estúpidas guerras que ciertos lideres crearon,
no es posible aceptar una humanidad como esa,
ahora hay una Pandemia que nos está matando,
y dentro de la humanidad un grupo pequeño rehusa cuidarse,
como sí estuviéramos viviendo en medio de esas guerras,
que en si fueron por odio y discriminación entre las razas,
pero que también fueron manipuladas por sus gobernantes,
por eso yo me concentro en amar mi vivir,
porque yo sí quiero disfrutar de tantas maravillas de este mundo.

¿El pasado?   30-09-21

Qué tristeza es recordar el pasado,
ese pasado donde todo eran grandes eventos para mí,
cómo olvidar mis años del amor,
ese amor que se transformó en hermosas hijas,
hoy, en esta soledad hoy quisiera volver al pasado,
volver a todo lo que vivimos,
pasear en ese México inolvidable,
o recordar mis tiempos de trabajo y de viajes,
pero hoy con dolor y alegría veo que son ellas las que trabajan,
las que hoy están incrementando los esfuerzos por una vida plena,
que hoy siento que no nos equivocamos en su educación,
que nuestros esfuerzos están siendo reconocidos,
que nuestro apoyo entre el amor de mi vida y yo, resultó,
que a pesar de la tristeza de nuestra soledad,
hoy damos gracias a Dios por lo que logramos,
sin embargo, la ansiedad por regresar al pasado no me deja,
y hoy estoy aprendiendo que el pasado no vuelve,
que debo concentrar mis pensamientos en el presente,
porque es posible que pronto nos alejemos por siempre,

Una taza de café   01-10-21

Con el paso de los años me he llenado de recuerdos,
porque te amé tanto que cada día a tu lado fue parte de mi vivir,
te encontraba en el atardecer de cada día,
y con un taza de café platicábamos de los hechos del día,
a veces unos tan tristes y otros tan significativos por los logros,
hoy sé cuánto amor existió entre los dos,
que hoy para mí es muy doloroso enfrentar la vejez,
sí, porque sé que alguno de los dos partirá de esta vida,
por eso el sólo recordar aquellos paseos de solteros o casados,
pienso en que siempre quise regalarte tus Gardenias,
porque era como ir gozando de tu aroma de mujer,
principalmente cuando todo se empezó a realizar,
tu amor se convirtió en juramento para vivir amándonos,
que al unir nuestras vidas a tu lado se volvió en alegrías,
porque poco a poco llegaron ellas las princesas,
nuestras hijas que hoy son nuestro orgullo,
por ese amor que nos profesamos uno al otro,
hoy deseo tanto ver en ti sonrisas por nuestro amor,
qué con un café nos pongamos a recordar,
recordar cada día que vivimos amándonos.

Inigualable amor 04-10-21

Sembraste en mí ser la pasión de tu amor,
hoy que los años han pasado y tú que me entregaste tu amor,
hoy sé que conquisté tu corazón para siempre,
que la pasión y el deseo por amarnos nos ha dominado,
que tanto tú como yo estamos convencidos del amor que nos une,
que cada día que por las noches admiramos la luna,
comprendemos que nuestro amor brilla como la luna,
que tus ojos pareciera que me hipnotizaron,
pero sé muy bien que en tí encontré el amor ideal,
porque nadie me dió tanto amor como tú lo has hecho,
que nuestras vidas están perfectamente encaminadas,
por el encanto de una unión eterna que siempre deseamos,
porque un amor como el que me das,
ese amor y relación debe ser eterna ante el cielo,
que nuestras vidas se entonan con grandes canciones,
canciones que hablan de amor y dulzura,
yo no puedo alejarme de tu lado por tanto que te amo,
y que yo he esperado siempre que nunca me dejes,
que por eso he procurado llenarte de comodidades,
principalmente para verte muy feliz y no arrepentida.

Un mundo hostil y corrupto   04-10-21

Veo la realidad de vivir en un mundo hostil y corrupto,
porque a pesar de haber tenido buenos logros,
la miseria, la incapacidad para resolver los problemas económicos,
nada logro con las incapacidades físicas que tengo,
la edad, ésa por la cual me hace difícil el trabajar,
por eso me pregunto qué debo hacer,
la vida no es fácil para mí y los míos,
porque principalmente no puedo ayudarles económicamente,
y hoy me condeno a mí mismo por no saber luchar bien,
luchar en este mundo tan egoísta y corrupto,
¿Cómo lograr salir de esta miseria?
Y es mi mayor pregunta y sueño tan difícil de cumplir,
por eso me concentro en amar a quien me dió su amor,
y que hasta la fecha me acompaña en esta miseria,
y que ha estado a mi lado ante tantos fracasos,
fracasos por tratar de salir de la incompetencia y la miseria,
pero me invoco yo mismo a tener fé en encontrar la solución,
que así como logré llegar hasta aquí hoy la esperanza está,
de no morir sin resolver mis fracasos y mis miserias,
por eso a Dios le pido un poco de su ayuda.

Las vacunas contra el COVID   05-10-21

Dolor que me produce escuchar acerca de
la muerte de jovencitas de apenas 15años,
y ha sido por esta pandemia del COVID 19,
¿Cómo vencer tanta tristeza que da al saber que han muerto,
jóvenes, hombres y mujeres por no haberse vacunado,
tanto dolor que les están dejando a sus familias con sus muertes,
¿Qué es lo que pasa Dios mío si hay tanta verdad,
verdad sobre las vacunas en contra del COVID,
verdad sobre la forma de evitar contagiarse que es así al hacerlo,
que aún no existen otros remedios médicos más que las vacunas,
por eso me produce tanto dolor saber que niños y adolescentes mueren,
porque como padre y abuelo siento como si fueran míos,
tanto que luchamos por verlos nacer y crecer,
crecer ante tantas enfermedades peligrosas,
pero que ninguna ha sido tan mortal como el COVID,
por eso quisiera que se estableciera un mandato Oficial,
porque no existe de momento otras soluciones para evitarlo,
y yo no entiendo a los que se dedican a la Medicina,
¿Por qué se niegan a vacunarse? Cuando son los mejores para entenderlo,
Por eso invoco a todos a vacunarse,
evitemos perder a tantos seres importantes para nosotros que amamos,
será incierto lo de las vacunas pero han podido salvar a millones.

Pensar en ti   05-10-21

Pensar en amarte a ti,
es soñar con viajar por las estrellas,
eres tan especial que absorbes todos mis pensamientos,
porque el amor contigo es como perder el conocimiento,
y solo en ti pensar y describirte en mi mente,
y de esa manera amarte como a ninguna mujer,
porque el amarte es como renacer en un mundo de amor,
solo tú has sabido cubrirme de amor y pasión,
ver cómo has impactado mi mente y mis pensamientos,
ya que junto a ti o lejos de ti sólo en ti pienso,
y mis pensamientos son enormes por ti,
es como verte a la orilla del mar o entre las flores,
y ver cómo tu belleza resalta entre esas bellezas,
cómo no amarte o desear tenerte entre en mis brazos,
y así llenar mi mente de tu belleza y cualidades,
y comprobar que en el amor, tu eres única para mí,
ya que en nada ni en nadie pienso cuando te veo frente a mí,
las mejores melodías suenan en mi mente,
especialmente cuando estás frente a mí como siempre lo deseé,
eres la única mujer para mí para llenarme con sus encantos,
por eso digo te amo, te deseo y te ofrezco mi vida para siempre.

Nuestra familia 05-10-21

Mis hijas, nietos y biznieto
me han llenado de sonrisas y llantos,
que hoy al verlos desde que nacieron han sido mi gloria,
hoy han crecido y es más la felicidad que siento al verlos,
por eso busco ayudarles en todo lo que pueda,
porque los amo como a mí mismo,
son la razón de mi amor y mi vivir,
nada ni nadie me quita el pensar en ellos,
por eso hoy vivo casi aterrorizado pensando en su salud,
porque no puedo ni imaginarlos enfermos,
y más ahora con esta Pandemia que ha matado a tantos,
yo me preocupo por ver que se les atienda bien,
que toda la ayuda que podamos darles se las damos,
está aquí en nuestras manos e intenciones,
somos sí, los abuelos, quizás para muchos incapaces de ayudar,
pero eso es lo que tratamos de hacer aunque parezca que no,
son los que más hemos amado desde que nacieron,
y nuestras vidas se las hemos dedicado a ellos,
y así seguiremos dedicándoselas a ellos hasta la muerte,
porque los amamos y pienso que lo haremos así,
aunque no se nos crea, pero nuestros actos lo dirán.

Una unión feliz   07-10-21

Tocas mi corazón con tu voz,
y resaltas los recuerdos de nuestra juventud,
esa juventud que llena de grandes ilusiones nos tocó,
que cuando nos conocimos nos enamoramos,
tiempos inciertos pero con nuestros grande propósitos,
y empezamos a recorrer nuestro destino en el mundo,
en ese mundo que nos rodeaba y que parecía ser muy difícil,
porque nuestros deseos por unir nuestro amor era parte de eso,
tiempos en que nos sentíamos muy valientes,
porque no sabíamos a todo lo que nos enfrentaríamos,
no veíamos sufrimientos, todo era esperanzas de amarnos,
amarnos sin temor a lo que vendría a nuestras vidas,
porque nuestra alegría por llegar a nuestra unión era lo único,
y la alegría nos rodeó en nuestra boda,
y el amor nos guío en nuestra juventud para lograr la felicidad,
y a través de los años venciendo muchas barreras,
poco a poco creamos nuestra familia y con el tiempo
hemos realizado muchos de nuestros propósitos y una unión feliz,
por eso hoy que 52 años han pasado la felicidad nos envuelve.

Aquel umbral   07-10-21

Recordarte en aquel umbral donde me esperabas, hoy duele,
porque te amé como a nadie por el amor que me diste,
y la vida se te fue, dejándome en esta soledad dolorosa,
a ti que me amaste como nadie, no te puedo olvidar,
menos olvidar cada instante a tu lado tan especial,
porque me demostraste cuánto me amabas,
cuánto me deseabas y que me pedias amarte día y noche,
porque me deseabas y que me pedías amarte más,
darte la entrega total de mi amor por ti,
ya que veías en mí el único ser a quien amabas profundamente,
y mi vida te entregué y por el mundo lo demostramos,
nadie me había cantado como tu dándome tu amor,
hoy las melodías que me cantabas con ellas te recuerdo,
y no, no puedo aceptar tu partida de esta vida,
porque ese amor que me diste fue total,
solo a mí amaste en toda tu vida, me decías,
palabras que siempre creí y acepté para entregarme a tí,
hoy lloro en esta soledad porque sé que nunca más te veré,
que sólo en mis pensamientos vives,
que no he visto a ninguna mujer tan leal como tú,
por eso hoy vago por los caminos de mi soledad
sólo esperando que esta vejez acabe conmigo,
para así ir a buscarte en el infinito de Dios.

Mis recuerdos   07-10-21

Me pasé mi vida en tantos lugares,
que hoy lloro al recordar cada uno
tan especiales y tan significativos,
cómo no llorar por esos momentos que viví con mis hijas,
momentos llenos de alegrías y tristezas por sus vidas,
o aquellos con mis nietos en sus casas,
o nuestros momentos en Bakersfield inolvidables,
o los momentos con mi hija que se nos fué,
todo se me está volviendo triste porque ya no es igual,
los años pasados los quiero hacer volver,
pero ya no es posible lograrlo, sus vidas ahora están ocupadas,
cómo lograr ahora llenarme de alegrías que ya no tenemos,
cómo el recordar los años en México y en Monterrey,
y tantos lugares en los que viví que sé que ya no volveré a ver,
ya que casi no hay alguna razón para ir allá,
será acaso que me estoy acercando a mi final,
porque la vida en ciertos tiempos se llena de soledad,
y últimamente ha sido más fuerte esa soledad,
ya no está mi madre, mis abuelos y tantos con quien conviví,
insisto cómo aceptar esta soledad,
yo suplico la llenemos con más visitas,
de ellos por amor a ellos, mi familia.

Tu vivir en el mundo   07-10-21

Piénsalo una vez más, tú no eres una vida más,
tu puedes ser muy importante en esta tu vida,
tu pensar debe encaminarse por el amor
caminar dando lo mejor de tu vida,
quizás no te reintegren lo que tú das,
pero el empeño por convivir en armonía debe ser único,
al mundo no lo conquistarás con tus ideas,
al mundo lo tienes que aceptar para vivir en él,
porque si tú sí comprendes el significado del vivir,
pocos pueden ser los que te imiten,
porque tienes que comprender que existe mucha ignorancia,
que por eso existe mucha gente en la pobreza,
que también es un gran motivo para la ignorancia,
toca tu corazón y vive con toda la inspiración por vivir,
que las notas musicales abran tus pensamientos,
y brote en tí tu alegría de vivir aprendiendo tanta ciencia,
que es la principal forma de ser inteligente,
especialmente para entender qué es la vida en este mundo,
que debes vivir bajo las leyes de conducta,
acostumbra tu mente a vivir en paz y alegre.

Amor por ti   08-10-21

Tu mirar me embelesa con tu belleza,
y abres en mi la admiración por tu mirada,
y pensar en la gran cantidad de tus hermosos
sentimientos que tu corazón tiene,
me hace pensar en la gran idea de enamorarme de ti,
que no es solo tu belleza física sino tu grandeza también,
porque tus ojos han clavado en mí el amor por tí,
cómo debo abrir tus sentimientos por mí, es hoy mi interés,
porque difícil es lograr que pienses en mi como yo en ti,
que nos deje enamorarnos profundamente,
y la conquista por una vida feliz será mi trabajo,
principalmente rodearte de amor e ideas para el futuro,
porque para mí es gran deseo pensar en ti,
correr a las montañas, al mar a todos lados
donde pueda hacerte tan feliz como lo soy yo,
el mundo tiene muchas oportunidades para una pareja enamorada,
y poco a poco debo hacerte sentir mi amor,
para ver en tus ojos y tu sonrisa que me puedes amar,
déjame recorrer tus caminos para saber tus ideas,
déjame llegar a tu corazón y tu mente,
déjame llenar tu mente con mis ideas del amor,
déjame hacer que solo a mí me puedas amar como te amo yo.

Mi México   09-10-21

¿Quién soy yo para pensar que puedo componer a mi gente,
¿Cuáles son mis ideas y mis ideales?,
Me preguntan y lo único que puedo contestar es,
el amor que siento por mi Patria y el ver cómo viven,
que me permita cambiar la forma de ser de nuestro Pueblo,
debemos buscar leyes justas con las que se puedan mejorar y proteger
sus vidas, así como empleos para todos con los que vivan mejor,
porque nuestra Patria está llena de riquezas naturales,
que debemos buscar mejores tecnologías para la producción,
y así empezar a usar los más modernos sistemas para ello,
para construir ciudades y pueblos seguros contra la naturaleza,
y así con eso nuestra gente tenga más empleos seguros,
y tener la facilidad de tener un hogar cada familia,
un hogar seguro con todas las facilidades necesarias,
porque ya no debemos tener pueblos inseguros y sin empleos,
porque de esa manera viven en la miseria y en peligro,
y por eso viven delinquiendo por la falta de empleos y leyes,
démosle a nuestro pueblo la oportunidad de esa vida que propongo,
construir, fábricas de productos necesarios carreteras transporte público,
hay mucho que podemos hacer para nuestra Patria,
hagámoslo para ver un México moderno y feliz.

Mis descendientes y yo   10-10-21

Hijos, nietos, biznietos para mí son igual para amarlos,
yo los traje a este mundo a vivir y multiplicarse,
porque es la tarea que todo ser humano realizamos,
ver como cada uno va creciendo y es alegre o triste,
porque para vivir en este mundo existen muchas calamidades,
las que se van repitiendo en cada generación
ya sean hijos, nietos o biznietos,
pero esa alegría de tenerlos y convivir con ellos es la gloria,
y sí, también con mucha preocupación cuando ellos sufren,
yo he tratado de encontrar recursos para evitar los sufrimientos,
pero en este mundo donde existe tanta maldad es difícil
encontrar una forma de evitar el sufrimiento,
porque lo bueno de la vida, es difícil de lograrlo,
porque aunque se tengan riquezas
no se pueden evitar las enfermedades,
y también la maldad de seres malignos,
quienes por su miseria y sus vicios buscan víctimas,
para inducirlos tanto a la maldad como a los vicios,
por eso es mí mayor esfuerzo en mi vivir,
encontrar la forma de darles una vida segura y en armonía,
por eso invoco a Dios por su ayuda.

Una gran mujer   10-10-21

Vé en ti lo que yo he visto en tí como mujer,
una mujer venida del cielo a darme vida y amor,
porque es así como yo te veo ángel del cielo,
yo ya no puedo aceptar hoy verte desaparecer,
has impresionado tanto mi corazón que no te puedo dejar,
yo no quiero forzarte tampoco a aceptarme,
porque yo soy tan sólo un ser solo y triste,
porque he tenido que vivir casi en la orfandad,
porque mis Padres no me aceptaron cuando nací,
y hoy lucho incansablemente por lograr un amor como tú,
que sé perfectamente que no encontraré a alguien similar a ti,
veo tantos buenos principios en ti que me has sorprendido,
hoy al tiempo pido paciencia para tratar de que me aceptes,
sé cuán difícil es para ti el fijarte en mí,
pero yo me he encontrado con un alma maravillosa
para tratar de convencerte de que me puedas amar,
yo lucho por ser alguien que me permita vivir en esta vida,
es por eso que pongo a tus pies las gardenias y rosas,
para tratar de que veas cuánto amor puro te ofrezco,
que a mi lado podremos vivir luchando en este mundo,
y que será la forma de integrarnos a la sociedad,
como una pareja enamorada tratando de lograr un lugar,
si en la sociedad con los mejores deseos de una vida unida.

Me dejaste

11-10-21

En la oscuridad de las montañas,
se reflejan mis sentimientos tan oscuros como las montañas,
porque con tu partida mi soledad creció,
y hoy veo que nada podré hacer por hacerte volver
mi amor por ti lo sentiste falso y maldito según tus palabras,
me soportaste por mucho tiempo,
hasta que decidiste huir de mi lado,
porque dijiste que mi forma de amarte te torturaba,
que mis caricias y mis palabras así lo sentías,
y yo que por más que traté de cambiar nada te convenció,
ahora sé que en nada lo viste bien para ti,
pero eso me ha hecho analizar que tú realmente no me
amaste que solo fui un pasatiempo para ti,
y ahora quizás en medio de mi tristeza pueda encontrar
a alguien que yo pueda llenar sus deseos de felicidad,
porque sí existe en mí la paciencia,
pero sé que quizás mi experiencia contigo no me ayude,
quizás todo se vuelva ficticio y doloroso,
ojalá mis esperanzas cambien y encuentre el verdadero amor.

Tus ventanas 12-10-21

Camino frente a tus ventanas para lograr verte,
tú no me conoces y sin embargo también esperas que pase,
por eso mi emoción es enorme cuando te veo en tus ventanas,
la gracia y sonrisas de tu rostro me entusiasman más,
para cada día pasar frente a tu ventana para llenarme de tu imagen,
porque me he enamorado cada día más de ti,
las nubes de tormenta no me alejan de ti,
al contrario, mi interés crece ante la incertidumbre de una tormenta,
porque sabemos cómo a través de la distancia viene,
y muchas veces el temor por la destrucción crece,
porque nunca sabemos qué es lo que nos espera por las tormentas,
pero yo sí espero cada día abras tus ventanas para saludarme,
y así ver en tus ojos cuánto te puedo yo interesar,
porque yo sí me he enamorado intensamente de ti,
y ninguna tormenta me impedirá pasar por tus ventanas,
porque mis esperanzas crecen cuando veo tu hermoso rostro,
y espero respondas a mis palabras,
para de esa manera comenzar nuestro romance,
porque yo espero ansioso porque tú también sientas lo mismo
que yo, amor intenso por mí como yo por ti.

Vacunarnos contra el COVID   12-10-21

No puedo olvidar que por tu falsa ideología te perdí,
yo que tanto te amé en el transcurso de nuestra unión,
el convencerte de la falsedad de tus conocimientos sobre vacunarse,
hoy me llora el alma por haberte perdido tan tristemente,
mis ojos hoy no encuentran un camino para llegar a ti,
te rogué, te enseñe todas las formas de la vacuna y las falsedades,
te insistí que la vacuna para esta Pandemia salvaría nuestras vidas,
pero tus ideas para mí eran inconcebibles,
te negaste a vacunarte, cuando yo lo hice, te expliqué todo,
que esas vacunas podían sembrar un metal o chip,
que era imposible que eso sucediera y no lo aceptaste,
en vez de vacunarte te entercaste en no aceptar el vacunarte,
por eso cuando te contagiaste, mi vida se volcó en una tragedia,
yo sabía lo que te pasaría porque fué muy rápida la gravedad,
y tuve que hospitalizarte, pero el virus te empezó a atacar muy fuerte,
te tuvieron que entubar y yo rogando por tu salvación te perdí,
hoy que el cielo te llevo yo no encuentro paz,
mi ser y mi alma sufren demasiado por ti,
porque ni siquiera pude despedirme de tí por tu gravedad,
hoy sé que sólo la muerte nos volverá a unir,
y como hoy no veo cómo vivir sin ti, sé que son muchos mis deberes,
ahora veo que la muerte llegara a mí debido a la vejez y no por la Pandemia.

¿Una esposa?

13-10-21

Las voces en mi mente suenan en el silencio,
porque nunca pude escucharte decir que tú me amabas,
que todo en tí parecía una falsedad,
que no quise aceptar tu frialdad y maltrato,
que sí veía que de mí cuidabas con esmero,
pero ahora veo que no te di el trato que tú deseabas,
que en mí no encontraste el amor que buscabas,
que tú personalidad era para ser alguien importante,
y no una esposa frustrada que sólo me servía,
que tus ilusiones y ambiciones eran muchas,
muy difícil que yo te las pudiese dar,
por eso hoy las voces en mi mente me gritan,
déjala, déjala ir ella lo merece,
a encontrar lo que tanto deseó y que contigo no fué,
que tú no eres capaz de llenar sus ambiciones,
que debes tu buscar cómo y dónde vivir sin ella,
que esas voces te gritan sus grandes ilusiones,
que ella sí está consciente de lo mucho que ella puede lograr,
que su vida es para lograr sus sueños y triunfar en ello,
vamos, déjala ir busca tú tu felicidad o tu vida sin ella.

Las velas del vivir   13-10-21

He encendido las velas de la vida,
para ver si con ellas tu vida se enciende en el deseo,
en ese deseo que todos tenemos por vivir,
porque no puedo concebir tu frialdad,
tal pareciera que tus grandes deseos es morir,
morir porque en mí no encontraste el amor,
y por más que lo deseaste no lo lograste,
por eso hoy he encendido esas velas de la vida,
para de esa manera salgas a encontrar tu vivir,
vivir en ese mundo que siempre has soñado,
tú eres fuerte y audaz para lograr tus sueños,
vamos; no tardes, déjame; que yo encontrare paz sin ti,
porque prefiero verte partir que verte fallecer,
morir por mi ignorancia al no entender que yo no era
lo que tu querías encontrar en tu vivir,
si así lo deseas realizar prenderé esas velas de la vida,
para que iluminen tu camino, tu camino a la libertad,
y también lo regaré de pétalos de rosas y gardenias,
todo lo que sea para lograr tu deseo de vivir feliz,
vámos, házlo hoy, no esperes más, tú no mereces mi martirio,
sal a buscar tu felicidad y realizar tus sueños.

Las sombras del cáncer   15-10-21

Me dejaste en las sombras de la penumbra,
hoy tu partida me entristece hasta las lágrimas,
porque en mí el amor por tí me cegó demasiado,
y hoy siento la tristeza que es el vivir sin ti,
tu que fuiste la luz que me iluminó para amarte,
hoy me es muy difícil saber porqué te fuiste,
porque mi ignorancia hacia el cáncer no supe qué hacer,
te amé, te idolatré, pero nunca hice lo que debía,
tu enfermedad que requería quimioterapia,
no le di la importancia que debía,
por eso justifico tus rencores hacia mí por esta enfermedad,
hoy que te has ido me he puesto a leer qué es el cáncer,
hoy sé que las posibilidades de sobrevivir son uy difíciles,
por eso insisto en justificar tus reproches, pero muy tarde,
hoy sé que fui un verdadero ignorante,
pero no porque no entendía sino porque lo ignoraba,
creí que era una enfermedad pasajera,
y mi terquedad no me dejó ver el peligro en que tú vivías,
por eso hoy ya no tengo perdón, porque te has ido,
y sí, me has dejado en esta soledad que merecida la tengo,
y la muerte me llegará en esta soledad por mi estupidez.

Monterrey y California 17-10-21

Cómo expresar los sentimientos que siento,
y que principalmente me llevan a las lágrimas,
cuando al escuchar la canción Hotel California,
escucho la fecha 1969 y que para mí fue el mayor acto de mi vida,
cuando logré unir mi amor en ese año a quien tanto amaba,
por eso 1969 fue el más grandioso año de mi vida,
ya que fue el origen de los más fuertes amores de mi vida,
mis cinco hijas, que han llenado mi vida de alegrías y tristezas,
porque al abrir las puertas del Hotel California fue para ellas
la apertura a sus profesiones,
y también a la gran alegría de traer al mundo sus hijos,
por eso cuando veo y escucho Hotel California,
mi vida da vuelcos como en una feria,
porque vienen a mi mente y corazón el transcurso de sus vidas,
las que han sido por más de 50 años de luchas y logros,
sí, nuestra vida matrimonial comenzó en Monterrey,
reconozco que ahí fue el inicio de nuestra gloria del amor,
sé que la vida es como una ruleta, unas veces se gana y otras se pierde,
el pensar que es por la forma en que uno juega en la vida,
mal o bien pero es la mayoría de fracasos y logros la forma de saberlo,
y yo después de perder una de mis amadas hijas,
es por lo que hoy lloro por tantos actos de mi vida en California,
y claro que yo me siento muy agradecido al Hotel California (El Estado)
por los grandes logros míos y de mis estrellas (Mis hijas).

¿Fijarte en mí?   17-10-21

Quizás venciendo las adversidades me llegaras a amar,
porque desde que vi tu rostro de ti me enamore,
y cómo lograr que en mi te fijes, en mi suena muy difícil,
pero no descansare y volteare el mundo hacia ti,
para que veas cuánto me has impresionado,
la mujer más especial que he encontrado en mi vida,
tan especial que no encuentro palabras para describirte,
eres el mayor pensamiento en el que puedo pensar,
acercarme a ti es sentir las más fuertes emociones,
día y noche tu rostro y tu ser no cambian para mí,
por eso quiero ese camino que te acerque a mí,
mi vida ha sido una pesadilla por la soledad,
porque como huérfano he vivido casi toda mi vida,
el vivir dentro de un orfanatorio fue la base para ser alguien,
alguien de valor para estudiar y trabajar como un profesionista,
esas han sido mis metas desde que salí del orfanatorio,
tu personalidad y tu carisma me han hecho enamorarme de ti,
por eso ruego al cielo por una oportunidad de vida,
de una vida amorosa contigo que no tuve en mi vivir,
sé cuán difícil es convencerte de que soy un ser de valor,
y no un vagabundo en este mundo, dame una oportunidad para amarte,
y de esa manera saber que es vivir con alguien que te ama, para mí.

Un gran Tío Sergio Hurtado   18-10-21

Dentro de mi soledad familiar en que viví mi vida,
un día un familiar que convivió con los que me dieron la vida,
me busco y que por ser sobrino quería a mi Abuelo que era mi ejemplo,
porque siendo un gran Abogado era también muy cariñoso
con la familia y éste me describió sus años infantiles con mi Abuelo,
mis padres y mi hermana mayor convivieron con él en su casa,
dándose cuenta de lo cruel que era mi padre con mi madre,
hoy me relata esos pasajes que el mismo no entendía por su niñez,
no se explicaba cómo mi Abuelo consintió a mi Padre,
hoy que casi han pasado 75 años de esos momentos, me buscó,
y a través de estos últimos años me ha descrito su vida,
una vida de grandes trabajos y de Padre y esposo ejemplar,
al ver que nadie de mi familia Hurtado me buscó o me ayudó,
hoy me llena de gran cariño familiar por tener un Tío como él,
hoy yo me siento muy agradecido por su gran ayuda familiar,
ayuda que ha sido el no sentirme un huérfano,
sino que tengo al Tío Sergio y que mi vida hubiese sido magnífica,
si él hubiese sido mi Padre porque sé que él hubiese sido
un buen Padre
Gracias Tío Sergio Hurtado.

¿Un milagro?   19-10-21

¿Cuántas veces he escuchado ¡Un milagro!?
¿Y yo no he podido diferenciar cuales han sido en mi vida?
Porque he vivido con grandes enfermedades,
Pulmonía, Cáncer de colon, Hernia discal, Aneurisma y más,
y de todas esas enfermedades he sobrevivido,
¿Y por qué?, Mucho me he preguntado,
Y sin embargo no veo respuestas,
pero si lo analizo bien, pienso que ha sido
la guía que se le dio a los Doctores.
que me atendieron y me operaron, ¿Quién?
porque sobreviví a todas esas enfermedades y más,
accidentes que no pasaron de simples y a no mayores,
una pulmonía a mis 6 años,
una caída de un techo y que por un paso más, nada serio me paso,
un envenenamiento del hígado debido a un almuerzo a los 16 años y nada,
y sí, al realizar muchos viajes por la causa del trabajo como
como un aterrizaje muy violento y peligroso de un avión en que volé y nada,
porque vuelos, viajes manejando yo mi automóvil o en Autobuses y nada,
una hernia que me hice por la negligencia del sistema de trabajos
en locomotoras, y que un Dr. me impidió el operarme,
al darme su segunda opinión,
tantas cosas que en mi vida viví,
también como el recibir 5 hijas maravillosamente sanas,
todo, todo en esta mi vida y salgo diciendo,
¿Qué es un milagro? la verdad es que todo en mi vida, lo fué.

Delitos 19-10-21

Caigo en la adversidad de mis pensamientos,
al querer explicarme a mí mismo como vivimos,
ya que para mí no parece que podamos vivir tranquilamente,
esta vida tiene demasiados secretos,
porque todo nos indica que no sabemos vivir,
ya que nosotros mismos nos provocamos tantas adversidades,
por más que trato de explicarme tanto crimen y delitos,
no puedo entender cómo siguen delinquiendo los delincuentes,
no puedo entender cómo pueden vivir esos delincuentes y sus familiares,
porque los delincuentes acaban siempre en la cárcel o muertos,
y sus familiares caen en el abismo de la miseria y la persecución,
por eso trato de saber ¿Cómo hacen para sobrevivir?
esos seres que se identifican como los peores seres de la humanidad,
no puedo ni justificar ni puedo explicar que sus motivos por la miseria los
lleve a delinquir porque tenemos leyes y policía así como empleos,
por eso yo insisto en no poder entender tantos muertos,
que es lo que la mayoría de la humanidad hace,
paso por paso en la delincuencia no veo justificación para ellos,
no hay paz que podamos explicarnos a nosotros mismos el no tenerla.

La música del pasado   19-10-21

Brotan en mi memoria los recuerdos, especialmente,
cuando escucho las canciones que me llegan al corazón,
llevando mi mente a aquellos maravillosos días de juventud,
paseos, bailes, cine y tantas emociones de juventud,
hoy casi me llevan al llanto los recuerdos inolvidables,
por eso mi mente parece cantarme esos recuerdos,
y así yo me remonto a esas escenas tan maravillosas,
en México, Morelia, Veracruz, Monterrey,
días de estudio, fiestas y tantas cosas de mi vida,
cómo no recordarlas si los amores saltaban a nosotros,
hoy puedo recordar con alegría y tristeza aquellos tiempos,
tiempos también que nos hicieron seleccionar nuestras carreras,
muchas de las cuales nos haría tener el empleo deseado,
y que con el tiempo fuimos creando nuestros mundos,
porque al amar a la mujer elegida la llevamos al altar,
y así creamos una familia feliz sin muchos problemas,
donde fuimos acompañando nuestras vidas con música,
y de esa manera llegamos a realizar nuestros sueños de juventud,
por eso con la música vienen a mi mente tantos recuerdos,
porque nuestra juventud tuvo de todo en felicidad y tristezas.

Mi amor y las flores   19-10-21

Engarzo las flores con el amor que tengo,
con la pasión que en mi mente tengo por ti,
porque el color de las flores se asemeja al color de tu rostro,
el color de tus labios me hacen pensar
en la emoción por besarlos con mi amor hacia tí,
y la entonación de tu música preferida, con tu voz me encanta,
y es por lo que vivo solo pensando en ti,
no creo que haya alguien más bella y encantadora que tú,
la hermosura de tu cuerpo todo en ti es belleza,
y qué decir de tu melodiosa voz que cuando hablas
me siento volar al cielo con tu amor,
porque cuando cantas puedo pasarme horas escuchándote,
por eso al tiempo invoco para nunca separarme de ti,
porque tú eres para mí la mujer ideal,
la que entona el himno del amor para unirme a ti por siempre,
y encerrarnos en un paraíso para amarnos eternamente,
solo espero en nuestra unión los encantos del amor apasionado,
porque sé que tú como yo has quedado enamorada de mí,
y la idea de desear amarme es la misma idea que me apasiona,
no puedo por ningún motivo por el amor que me tienes, que al igual
que yo, has visto que no podemos dudar ni yo de ti ni tú de mí,
dejemos al mundo correr y nosotros a unir nuestras vidas,
por siempre dedicaré mi amor y mi vida a tí.

Lealtad a ti   19-10-21

Por el amor que siempre te tendré juro lealtad a ti,
porque en el tiempo de nuestras vidas te conocí,
y tal pareciera que el amor juramentado nos envolvió,
por eso activo mi mente para dedicarme a ti con toda mi pasión,
porque eres una mujer completa de cualidades,
nunca podre dejarte ir de mi vida,
porque en todo el tiempo de mi vivir nadie me impactó como tú,
y al besar tus labios el paraíso se abrió para mí,
hoy no puedo pensar en nada más que no sea contigo,
tú has sido el más fuerte amor que he tenido en mi vida,
y podría jurar que a nadie había amado como a ti,
porque eres única y especial y al besarte todo se transforma en mí,
nada ni nadie me ha asombrado con sus palabras como tú,
te amo y eres lo que ha nacido en mi al besarte,
hoy puedo decir que haré todo lo que desées para unir nuestras vidas,
yo te amo como te dije, nada me detendrá para ligar mi corazón a ti,
déjame, déjame amarte con toda mi pasión,
nada hay en mi corazón que no seas tú,
escuchemos música que nos envolverá en el amor,
en ese amor que ni el tiempo nos afectara para amarnos como nadie,
en el tiempo que en nuestras vidas tengamos,
esperar que en la eternidad sigamos unidos por nuestro amor eternamente,
porque tu mirar denota un gran valor por tu sabiduría para amarnos.

Las riquezas en el amor   19-10-21

Por tu egoísmo y tu carácter soberbio,
hundiste todas mis ilusiones y esperanzas en la oscuridad,
en esa donde solo reina tu maldad hacia mí,
yo quería amarte, unirme a ti de por vida,
pero hoy veo que tu ambición desmedida, no lo acepta,
que tus intenciones son de una vida de lujos,
y no una vida incierta, quizás de miserias y dolor,
que es como calificas mi ser para contigo si nos uniéramos,
has jurado nunca aceptar un miserable como yo,
un ser sin riquezas ni ambiciones es lo que tú me has calificado,
pero hoy veo que efectivamente no soy yo el que aceptarías,
y hoy conociéndote me llenas de alegría al no aceptarme,
hoy puedes soñar en encontrar el ser de tus ilusiones,
que yo de hoy en adelante dedicaré mi vida a luchar,
luchar por un amor verdadero que no desée riquezas,
que desée amar para lograr luchar por esas riquezas que da el amor,
seguro estoy ahora de dedicarme a encontrar ese amor,
porque contigo fué un imposible el conquistarte,
y puedo hoy dar gracias a Dios que no me aceptaste,
yo seguiré por el mundo buscando mi destino ese destino que debe
estar en luchar en un mundo difícil,
pero cuando se logra buenos resultados la felicidad aparece,
y claro, claro que esas serán mis metas,
hoy amarte se ha convertido en odiarte porque veo que no eres,
la Mujer soñada para amarla eternamente.

El México actual   19-10-21

México yo te lloro porque ya no eres mi país soñado,
hoy plagado de delincuencia por todos lados,
nada puedo hoy de desear volver a vivir en ti,
porque no es posible como matan a tanta gente,
y tus Gobernantes nada quieren hacer para evitarlo,
ponen demasiados pretextos y excusas,
pero yo no puedo entender que todos los días maten a tantos,
tu pueblo pobre pero luchador no lo merece,
y menos tener esa clase de Gobernantes inútiles,
que tal parece que son de la mismas mafias,
yo no puedo aceptar cómo matan a tantos niños, mujeres y hombres,
y sabiendo todo el armamento que tanto el Ejército
como la Marina y la policía tienen,
que si las usaran contra los delincuentes serían rápidamente eliminados,
porque es como nuestro México debería luchar,
luchar por liberar a nuestro pueblo que no merece lo que viven,
y no ha aparecido un verdadero luchador por hacer de México
un país grandioso y libre de delincuentes y mafias,
no, no lo puedo creer,
que durante cientos de años no se pusieron a unir a nuestra gente,
para hacer de nuestro México un país,
un país con todas las facilidades de unión y progreso,
un país con todas las facilidades para que la gente viva como gente,
porque nunca ha sido justo la esclavitud que nuestro pueblo ha sufrido,
viva México hagámoslo un gran país.

Los troncos   21-10-21

Han pasado los años de mi vida,
creando una montaña, como troncos de árboles,
cada uno tiene en su cubierta llagas de mi vida,
unos muy manchados como de sangre,
por todas mis experiencias vividas,
cada uno ha sido grabado también con lo que viví,
y yo sigo apilando cada tronco por cada año vivido
de los hechos de cada día como ramas que se pegaron
en cada tronco,
hoy que lloro por las aventuras y felicidad en mis tempranos años,
veo que del montón salen como ríos de agua de entre ellos,
y me inclino a suponer que son mis lágrimas,
lo que tuve tan imposible de olvidar muchas aventuras, escolares,
amorosas, de desfiles, viajes y empleos tantas inolvidables,
por eso muchos de los troncos están llenos de ramas y hojas,
porque así fueron mis recuerdos que se me grabaron,
poco a poco mi vida fue evolucionando,
en esos inolvidables hechos que también hubo algunos muy dolorosos,
por eso en este rincón en que he caído,
lloro por todo lo que ya no volverá a mi presente vida,
triste, muy triste el pensar en todo lo que quedó atrás,
encadenarlo para regresarlo a mi presente es un sueño inútil,
la tristeza, el olvido, la muerte son las marcas en los troncos,
en esos troncos que pronto se prenderán en fuego,
porque así será para mí en mi muerte y me incineren.

La vejez   21-10-21

En la vejez no son los actos trágicos los que se recuerdan,
sino, los buenos, los alegres, los satisfactorios
pero que en la vejez se vuelven llanto porque ya no volverán,
los hijos en la vejez lo dejan a uno para realizar sus vidas,
pensar en los Padres, Abuelos, Tíos y Hermanos que ya no están,
y los recuerdos se vuelven más tristes porque son solo recuerdos,
porque la muerte se los llevó y es el futuro de la vejez,
por eso es tan esencial prevenir y estar preparado,
no dejarles problemas, sino todo lo valioso que se tenga,
a los herederos que se dejan atrás,
más triste es tener que seguir viviendo en la vejez,
en la soledad pensar en todos esos momentos vividos,
por más que no se quiera se vive llorando en la vejez,
y más cuando se está rodeado de soledad y problemas,
por eso me inclino a escribir en mi rincón solitario las tristezas,
porque es en lo que se han convertido mis días,
pero corro cuando mis familiares me invitan a sus eventos,
esos que me hacen olvidar mi soledad,
que también puedo olvidar en esos momentos mis problemas,
por eso insisto que la vejez aunque no lo acepten se vive tristemente,
se acepte o no pero es la realidad,
la vejez es soledad, lágrimas y desesperanza.

¿Encontrarte?   21-10-21

Hoy desperté y salí a caminar y por la arboleda te encontré,
fué tan impresionante ver tu rostro y tu mirada,
que lamento haberte detenido por mis nimiedades
pero fue la forma de conocernos y enamorarnos,
hoy que nos hemos reunido en este lugar te propongo,
caminemos juntos tomados de la mano para amarnos,
amarnos como siempre lo hemos deseado,
en tus palabras he visto la similitud de nuestros sentimientos,
por eso empiezo a entender cuánto podremos amarnos,
tu como yo tenemos los mismos pensamientos sobre amarnos
por eso siento la gran necesidad de unirnos,
unirnos para siempre con nuestro amor,
porque ha sido muy rápido e intenso el enamorarme de ti,
por eso ante la Ley y el Cielo te propongo unirnos en matrimonio,
el amor que ha nacido en mí por tí es inmenso e inacabable para mí,
porque tú me inspiras como nadie lo ha hecho en mi vivir,
amarte cada segundo para mí será hasta la eternidad,
por eso siempre te pediré caminar por donde te encontré,
quiero expresar ante el mundo porque me enamore de ti,
porque en mí fué como encontrar un Angel del cielo,
porque al ver en tus ojos, todo lo que me has dicho de ti,
fue esa la razón principal para enamorarme de ti,
por eso hoy te ofrezco mi vida y mi persona y mí vida para amarnos.

La imposible de amar   21-10-21

¿Cómo lograr besar tus hermosos labios?,
Cuando veo que tú no aceptas mi persona,
y yo que me quedé mudo cuando te conocí,
es ahora cuando no encuentro el camino a ti,
a tí para desaparecer de tu mente la mala impresión de mí,
yo deseo con todo el corazón rogando a Dios me perdones,
porque no sé lo que fue lo que de mí te disgustó,
dime si solo rezando a Dios me perdonarás,
y sé que el reloj está en contra mía porque no me respondes,
y es que no quiero que el tiempo se me acabe,
necesito como te dije encontrar las razones,
esas por las que no aceptas platicar conmigo,
mi mayor deseo es convencerte en lo que te has convertido para mí,
ya que eres la mujer más hermosa que he conocido,
ruego por todas las instancias por tu aceptación,
quiero hacerte ver que tú eres la mujer perfecta,
que nunca había conocido alguien como tú,
¡oh reina de las mujeres, déjame alcanzarte!,
déjame hacerte brillar en este mundo de nuestro amor,
déjame poner a tus pies la clase de vida que te ofrezco,
tú y yo podremos convencer al mundo de nuestro amor,
no me dejes caer en el abismo del desprecio,
no te arrepentirás y te llenaré de flores cuando me aceptes,
no me hagas pensar que tú eres la mujer que nunca me amará.

¿Empleado?   22-10-21

¿Viajar por el mundo para encontrar mi destino?
Una idea muy elemental y peligrosa,
porque el mundo no es un paraíso terrenal,
es más bien la tierra de los seres más difíciles para convivir,
porque cada país tiene su idioma, sus costumbres,
y sí sé, que con riqueza se puede escoger donde vivir,
cuando prácticamente es uno un empleado y no un profesional,
no es en el mundo donde se pueda encontrar el futuro perfecto,
por eso en mi precaria situación económica me puse a trabajar,
y ahí fue donde empecé a conocer la corrupción,
porque mientras yo trabajaba con honradez
logrando reducciones de costos donde trabajaba,
eso no fué suficiente y me impulsó a buscar nuevos horizontes,
y sí fueron fenomenales, como el trabajar como Ingeniero,
en una industria fundidora y a la vez por mí capacidad,
pronto me llegó un nuevo empleo, como Ing. de ventas en una de
las más grandes Industrias Mundiales, General Electric de México,
donde aprendí suficiente Tecnología y mi eficiencia me hizo llegar a ser,
Gerente en esa Compañía, pero obstáculos me llevaron a renunciar
y llegar a construir un Taller grande y bien equipado técnicamente,
y después lograr crear mi propio negocio, pero la situación económica
Gubernamental me orilló a buscar empleo en USA logrando un puesto
de técnico eléctrico en Locomotoras en los Ferrocarriles de Pasajeros,
hasta que después de 14 años me lesioné y fuí jubilado y así vivo esperando
el destino final.

Un hijo no deseado 22-10-21

Que fácil es ser odiado desde que se nace,
e inicialmente por los propios padres,
pero lo más difícil es querer vencer esos odios,
esos odios que le dan a uno desde el nacimiento,
muchas veces porque uno no fue un hijo deseado,
o porque fué un embarazo accidental,
también cuando los padres son unos irresponsables,
que no se amaban ni se tenían intenciones sanas,
y desde que nace uno vive como un extraño,
y va uno creciendo en la soledad y sin amor de padres,
y poco a poco la mente se va encaminando a la delincuencia,
y la maldad por eso es fácil culpar al maldito,
pero el vencer todas esas maldades es como un milagro,
y si se logra vencer esos malos tratos,
se puede lograr mucho entre la sociedad,
al llegar a vencer esos años de soledad da la oportunidad
de querer lograr una profesión, tecnología, o muchos otros empleos,
y se llega a pensar en ser un ser positivo,
y así crear uno su propia familia y su lugar en la sociedad,
muy importante es pensar en lo positivo que puede ser una
persona que no fué un hijo deseado y que vivió como huérfano,
por eso es tan necesario apoyar a personas que fueron huérfanos,
la vida puede y debe ser una felicidad,
cuando se vencen todas esas adversidades.

La reina de mi vida   22-10-21

Me niegan el haberme enamorado de ti,
no me aceptan que nuestro noviazgo fue muy motivante,
porque de tu relación conmigo me hacías soñar contigo,
mi ansiedad creció en esos momentos por ti,
llegué a encerrar mis pensamientos sólo en ti,
tanto fué que mis intenciones fue el demostrarte que era formal,
que sólo a tí te amaría por el resto de mi vida,
que mi futuro tenía que asegurarlo para ti,
porque el salir a tu lado fue muy emocionante,
todo, todo lo enfoqué en ti para mi vida futura,
y con mis emociones al darte ramos de gardenias me llevaban a ti,
por eso cuando aceptaste ser parte de mi vida futura,
el aceptar mi proposición de unirnos,
fué cuando empecé a soñar con tu amor,
nada me hacía cambiar mis propósitos para contigo,
eras como una princesa a quien debía hacerte mi reina,
fueron tantos mis sueños que era demasiada felicidad para mí,
cuando unimos nuestras vidas fue como llegar a la gloria,
y desde entonces he tratado de construir un hogar feliz para ti,
pero el saber que mis planes para contigo funcionaban fue un secreto
tuyo muy difícil de que me lo expresaras,
principalmente porque la vida que te dí no fue fácil,
deseo tanto saber tus sentimientos para conmigo ahora,
porque no es fácil vivir con incógnitas.

Te perdí y mi vida también 22-10-21

¿Cómo pensar en regresarte a mi presente?
tú que me amaste como nadie en mi vida,
que grabaste en mi mente y mi corazón tu amor,
ese amor plagado de enormes muestras de tu gran amor en
los días en que convivimos, nunca los había gozado tanto,
tu siempre me rodeaste de amor y atenciones,
siempre dispuesta al amor que se encendía con tu cercanía,
cada día fué una maravilla a tu lado con tu amabilidad,
hoy no sé cómo demostrarle al mundo a quien amé más,
y que las tragedias nos golpeó llevándote de esta vida,
siempre el tenerte en mis noches llenabas mi alma de amor,
el despertar cada mañana era para mí volver a vivir en tu amor,
cada día nuestras vidas se fincaron en grandes ideas de amor,
que con nuestro amor pudimos vivir juntos tantos años,
con esa armonía que me dabas y que yo te devolvía,
cada momento a tu lado fué de grandes logros con tu ayuda,
tus deliciosas comidas nunca las había comido en mi vida,
todo en tí era demostrarme cuán satisfecha vivías a mi lado,
porque tú también estabas feliz de tenerme a tu lado,
me decías habías encontrado todo lo que en tu juventud soñabas,
y por eso hoy que la vida nos ha dejado en la vejez,
y que por eso te he perdido y que sé que ya nunca más volverás,
hoy me alisto con todas mis ambiciones por encontrarte en el cielo,
porque esa vida donde te encuentras,
sé que es eterna y yo deseo estar a tu lado.

Efectos secundarios   23-10-21

¿Cómo dejar de sentir el deseo de vivir?
Cuando hoy sobreviviendo al cáncer, problemas del corazón,
cuando has sobrevivido a grandes cirugías por esos problemas,
que tuviste que realizarlas o te podrías morir,
especialmente cuando no hay formas de acabar con el cáncer,
principalmente cuando se dañan tantas partes del cuerpo por combatirlo,
cuando los Doctores te dicen, ¡Te operas o te mueres!
Cómo exponerte a tantos riesgos especialmente cuando no te
aseguran buenos resultados después de las cirugías,
vivir con los efectos secundarios de las cirugías es tan difícil,
porque ya no se tendrá la misma forma de vida,
pero que el deseo de vivir lo forza a uno a aceptar las cirugías,
que en lo particular yo después de esas cirugías sigo vivo,
pero sí con muchos efectos secundarios,
que me limitan el vivir por las dietas y medicinas prescritas,
pero el deseo de vivir no me abandona y sigo con lo recetado,
ya que son muchas las satisfacciones que logro y deseo seguir,
porque aunque no saben o comprenden por lo que paso
todos los que a mi lado viven sólo me ven en mi vivencia,
y no en las consecuencias que todo lo que he pasado me afecta,
pero mis metas siguen vivas y yo deseo sobrevivir a todo,
para ver cuánto de esas metas cumpliré,
por eso me encomiendo a Dios y a las Medicinas.

El peligro de vivir   24-10-21

El despertar de cada mañana puede ser muy variado,
porque el no saber que nos deparará el amanecer,
todo puede ser una gran tragedia o ninguna,
porque vivimos en una parte del continente muy peligrosa,
y el efecto de un posible terremoto nos atemoriza,
en lo particular me siento agradecido,
cuando los temblores no pasan de sentirse solo un estremecimiento,
pero sí es de pánico que llegue a ser catastrófico,
y a la vez ser despertado en la noche o en la mañana,
siempre deseamos porque un familiar no lo haya sentido,
a la vez esperamos que un familiar sufra un accidente,
un accidente o una complicación de salud y muerte,
tantos peligros que nos acechan en nuestro diario vivir,
por eso pensar en disfrutar de la vida es primordial, puede uno
estar equivocado, ya que la maldad humana es muy peligrosa,
siempre se desea y se ruega por una vida tranquila,
pero circunstancias que no sabemos nos puede matar,
como una epidemia, un incendio accidental,
una guerra injustificada, tantos peligros en que vivimos,
porque no todos los seres humanos queremos una guerra,
especialmente cuando probablemente maten un familiar,
el querer vivir tranquilamente realmente es muy difícil,
vemos países donde la criminalidad es muy extensa,
o donde los fenómenos naturales, pueden ser muy fatales,
por eso se piensa que es muy difícil vivir,
que debemos cuidar al máximo nuestras vidas.

Mi amor en la juventud   24-10-21

Déjame explicarte mi juventud, no me dejes,
fueron grandes y mejores momentos de amor y pasión,
son grandes recuerdos de los que viví con ellas,
amores que me hicieron sentir lo feliz de mí juventud,
cuando me entregaban sus besos solamente y su amor,
los mejores amores que sentía, parecían imposibles,
tanta emoción y felicidad y que fueron temporales,
quizás porque no vieron en mí un buen futuro, me dejaban,
pero de que las amé las amé para disfrutar de su amor,
paseos, fiestas, bailes en los puertos y los disfruté,
propuestas que me hacían pero que por mí carrera no podía aceptar,
pero el amor en mí juventud brilló y me envolvió en la alegría,
pero de que para mí fueron años felices lo fueron,
inolvidables pero que para mí fueron imposibles,
cuando empecé una nueva carrera el amor único llego a mí,
en esos años, años que fueron grandes momentos al lado de ella,
con bailes, idas al cine, paseos donde le regalaba ramos de gardenias.
tiempos ideales para pensar en el amor para el futuro,
porque en ella leía en sus besos el gran amor que me tenía,
y de mí brotó la ilusión de preservarlo para el futuro,
y sí, lo logré al unir en matrimonio su amor,
y llegar a tener una vida ideal y completa,

Cambia el rencor por el amor 24-10-21

Vamos, detén tus rencores, que yo sí te amo,
piensa en cómo me ha golpeado la vida,
que ha sido hasta llorar y el encontrarte cambió mi vida,
tú me trastornaste con tu amor y sí me obsesione de tí,
porque tú eres para mí la mujer más extraordinaria,
te he querido amar en muchas formas pero a tí no te parece,
acepto que en nuestra vida no te he hecho
lo feliz que de mí deseabas tener para tu vida,
pero retén tu rencor déjame encontrar otro camino,
otro camino que me lleve a corregir la vida que te he dado,
no golpes con tu rencor para convertirlo en odios,
piensa en todo lo que hemos luchado, no me dejes,
que no podré compensar tu vida y los sufrimientos
serán tan grande para ti y a los que creamos,
déjame demostrarte cuánto lloro por tu amor,
que siempre he buscado la forma de regalarte mi vida,
para llenarte de amor y no de rencores u odios,
déjame, déjame gritar al mundo cuánto te amo,
perdóname todo lo que te he hecho sufrir,
déjame cambiar nuestras vidas al amor y no al rencor
que hoy me demuestras sentir,
piensa en el amor de mi hacia a tí.

Mis Abuelos   24-10-21

¡Cuánto puedo considerar que les debo a mis Abuelos Paternos!,
recordarlos cuando en mi niñez nos cuidaron en su casa,
porque a su lado tuvimos una vida con toda clase de cuidados,
cosa que al lado de mi madre no tuvimos,
recordar cómo en las fiestas de Navidad y Reyes Magos nos
llenaban de juguetes y golosinas, vida que no teníamos antes,
por la pobreza de mi Madre y su familia,
siempre al lado de mis Abuelos nuestra vida fue tan especial,
porque nos querían tanto que nos cuidaban mucho,
teníamos la atención de unas Señoras que tenían para nosotros,
no nos faltaba comida, ropa, juguetes atención Médica,
en época de fiesta de Reyes Magos nos daban los mejores juguetes,
a las escuelas nos llevaba una de sus hijas Teresa quien además
nos cuidaba como si fuera nuestra Madre,
empezamos a probar los dulces de Morelia,
a Misa nos llevaban los Domingos y siempre nos hacían rezar con ellos,
en los días que podían nos enseñaba sus habilidades para tocar música
con instrumentos musicales, pintura de cuadros por mi Abuelita,
y él a mí me enseñaba lo que hacía como Abogado en los tribunales,
y lo que aprendí de él fué su costumbre de ser un Abogado responsable
y honesto hoy a 60 años de su muerte tuve una muestra de su existencia
espiritual me hizo celebrar una misa el día 22 de Noviembre del 2018
cuando cumplió 60 años de su Muerte en la Iglesia a la que ellos asistían.

Principios legales y morales   25-10-21

Se me figura que los principios que aprendí
en una Escuela Militar no son respetados,
porque veo que en la vida civil hay aun gente profesional,
que no respetan los principios legales o morales,
que sólo buscan enriquecimiento por la ignorancia de la gente,
y que acostumbran violar toda clase de leyes,
todo para lograr poder y enriquecimientos ilícitos,
violando toda clase de principios morales sin importarles,
siempre para gozar de sus riquezas ilícitas,
quebrantando leyes y no respetando a seres humanos
en sus derechos legales religiosos, políticos,
así como abusando de funcionarios políticos,
para su enriquecimiento sin importarles que son,
múltiples gentes como Presidentes, Gobernadores,
Diputados, Senadores, Jueces, Jefes de Policía y Policías,
y con su corrupción incitan que hasta Militares caigan en ella
por eso veo que no es posible mantenerse uno dentro de todos
los principios legales como los morales,
tenemos que luchar con uno mismo para no perder nuestros principios,
porque no tenemos el poder ni los recursos para protegernos,
especialmente cuando se cae en la corrupción,
yo trato siempre de mantenerme dentro de mis principios,
siempre esperando no violarlos para que no me destroce a mí mismo,
porque perder lo poco que he logrado no es justo.

Filipinas   25-10-21

Un país que me hace pensar en él formado en la inmensidad
del Océano Pacífico, Filipinas, un país que descubrir su Historia
es larga pero interesante, por ser uno de los países más castigados,
porque una de sus más grandes desgracias fué la invasión del
Imperio Japonés en el año de 1940 una invasión que costó miles
y miles de muertos e inválidos, soldados y gente civil,
que las batallas por liberarlos de sus invasores costo tantos miles y
miles de vidas de gente civil y sus soldados Filipinos,
de USA, de México en la que cientos de miles de soldados, y pilotos
fueron muertos en su lucha por liberar a Filipinas y lo más trágico
es saber cómo a miles de prisioneros tanto Filipinos como de USA
los martirizaron o los mataron, que cuando los Japoneses se rindieron
fué como un castigo del Cielo por los millones de Japoneses muertos
pero en Filipinas gente que podría decirse de la misma raza tanto de
Chinos, Japonéses y Asiáticos
¿Por qué, porqué invadir y trágicamente producir tantos heridos y muertos?,
Cuando debieron de haber ido a ofrecer empleos, recursos materiales todo
para ayudar a enriquecer las tierras y Ciudades de Filipinas, porque los
Japoneses
realmente de ayudar a crear verdaderos paraísos para la Humanidad que les
sirviera para que tanto los Japoneses como los Filipinos vivieran una vida
mejor
tanto que hubieran logrado en vez de asesinar y martirizar a tantos Filipinos
Chinos, Americanos, Mexicanos, así como gente Asiática,
tal pareciera que no somos los seres Humanos que Dios creó para habitar
este mundo. Por lo que yo no puedo entender esas matanzas tan dolorosas
e inútiles pues a los Japoneses les produjo tantos muertos.
¡Oh Dios! no nos permitas un sacrificio como ese tan inútil porque fué la
idea
de un solo grupo u hombre.

Las campanas 25-10-21

Las campanas de las Iglesias están repicando,
el río se ha llenado de agua por la lluvia que ha caído,
hoy las flores crecerán así como los sembradíos,
repican también porque renacerán los bosques,
la alegría es grande para todos al oír su sonido,
pronto las tragedias que teníamos se reducirán al mínimo,
volver todo a su mayor normalidad para nosotros vivir
todo porque pareciera que Dios nos escuchó,
que la sequía nos estaba casi matando de sed para todo,
compartamos esta alegría con el trabajo,
volvamos a vivir como antes positivamente,
que estas tierras son tan soñadas para revivirlas,
que el amor que le tenemos es para reanimarla,
que debemos buscar otras formas de evitar esas sequías,
para que sigan realzando los plantíos de flores,
para que nuestra ciudad siga con su hermosura,
que las flores adornen sus parques y sus calles,
sabemos que no se remediará todo pero que es el inicio,
y lo hermoso es compartir una mejor vida,
esa vida que buscamos para nuestra tranquilidad,
que de esta manera cuando las Campanas repican,
también nos conllevan al romanticismo y la alegría,
compartir estos tiempos así es de gloria intensa,
amor, paseos, diversión y todo lo que podamos disfrutar.

¿Podrás amarme?   25-10-21

Amarte a ti es como viajar al Universo,
con tan solo un beso que me hiciste sentir,
ha sido la forma de amarte tan intensamente,
que solo tú sabes cuánto y cómo corresponderme,
¿Cómo puedo decirte que te amo? ¿Necesito gritarlo?
Porqué es tanta mi ansiedad porque me comprendas,
que el amor que por ti siento no me deja ya vivir sin ti,
necesito tanto de tu comprensión y saber qué piensas de mí,
sé que puedo perder tu amistad por mi insistencia,
pero es que en ti he visto tantas cualidades y belleza,
que hoy no puedo dejar de sentir este amor por ti,
¿Qué puedo hacer si tú no me contestas?
¿Deberé ir a la Iglesia a rezar y pedirle a Dios que me respondas?
Comprende, te amo tanto que he estado mandándote flores,
pero no he recibido ninguna respuesta tuya,
mira que he rodado tanto por el mundo y en nadie me fijé,
solo tú has impresionado a mi corazón con tu singular belleza,
¿Que hago?, mis lágrimas por tu silencio duelen mucho,
Ese beso que de tí recibí fue la llave para enamorarme de ti,
comprende que desde ese beso ya mi mente solo piensa en tí,
que nada puedo hacer bien por solo pensar en ti,
que todos me preguntan ¿Que qué me pasa?
que pareciera que estoy perdiendo la conciencia,
y es que sólo en ti pienso por ese beso que me diste,
resuelve mi vida porque yo sin tu amor no sé vivir.

Dios mío perdóname   25-10-21

Mira que por el mundo vagabundeo pensando,
en todo lo que he perdido por no acercarme a ti Dios,
porque si lo hubiese hecho otra cosa sería mi vida,
hoy que veo cuánto me ha iluminado el cielo,
hoy me acerco a pedir perdón sabiendo que no lo merezco,
pero que por todas las cosas que en mi vida pasaron,
sé que sólo me he salvado gracias a tu generosidad,
por lo que hoy debo dedicar mi vida más a pedir perdón,
perdón por todos los pecados que cometí,
pero que el mayor de mis pecados es no acercarme a Dios,
porque como digo El me ha salvado de tantos peligros,
que sus razones han sido muy poderosas como lo es El,
por eso hoy te ruego, déjame retomar mi vida,
porque mi deber es dejar una vida tranquila a los míos,
no dejarles tantos problemas a ellos que tanto amo,
¡ayúdame Dios mío! te ruego me perdones mis absurdas ideas,
déjame dedicar lo último de mi vida,
a lograr mejores bendiciones tuyas, no me dejes abandonado,
me diste tantas aventuras y logros por eso es hoy mi ruego,
tan intenso porque me llegues a escuchar,
ruego tu perdón encarecidamente para mí.

¡Oh Madre!   26-10-21

Donde has quedado ¡Oh Madre mía!
mira que desde que nací lloro por ti,
desde mis primeros días tú eras lo más sagrado,
conforme fui creciendo tus cuidados y tu amor,
todo fue grabándose en mi corazón y mi ser,
recordar tantos momentos contigo por eso lloro,
lo más doloroso fué cómo me fuiste abandonando,
ya que te recuerdo tantos momentos cantando,
que fueron momentos que también se grabaron en mí,
que cuando hoy oigo esas canciones es a tí a quien veo,
y mi ser llora por esos recuerdos a tu lado,
el recuerdo más triste fué cuando me abandonaste
en aquel Orfanatorio donde me dió la pulmonía,
donde yo lloraba constantemente porque no lo entendía,
porqué, porqué tenía que estar ahí,
hoy sin embargo todavía lloro porque sigo sin entenderlo,
tú nos trajiste a este mundo, que en una forma fué cruel
y otra no, porque recuerdo que tú nos dejaste 2 años,
y que nos dieron mucha felicidad por esos 2 años,
en fué lugar que fué como un paraíso para mí,
porque amor, atenciones, cuidados, todo lo teníamos,
sí, en la casa de mis Abuelos en Morelia,
pero hoy te lloro porque siendo mi madre
viví por poco tiempo a tu lado,
yo siendo tu hijo te amé tanto ¿y tu amor?,
siempre sentí que no me querías por ser tu hijo,
Madre, mira cuántas dan sus vidas por sus hijos,
hoy te ruego que por algún camino te acerques a mí.

Por estos caminos 26-10-21

¡Ven camina!, a mi lado que por estos caminos,
encontraremos el lugar ideal para amarnos como nadie,
porque en ti tienes tantos hermosos sentimientos,
que ya imposible es para mí ignorarlos y por eso yo te amo,
y nuestras vidas podemos llenarlas de tu amor con el mío,
sé que lo más importante son las riquezas para que el amor
no sea triste y nos lleve a la miseria y sus problemas,
porque yo me siento fuerte para luchar por nosotros,
enfrentar cualquier adversidad porque así ha sido mi vida,
enfrentar sin miedo la miseria o lo que sea porque así soy,
mis esfuerzos por aprender una profesión fue mi sueño,
y hoy sé que te puedo amar y vivir en la mejor forma,
para que veas que nuestro futuro está asegurado,
soy una pieza del sistema moderno de la tecnología,
y como yo te amo, te invito con todo mi amor porque lo entiendas,
que forjaremos nuestro destino con seguridad,
porque por mi amor a ti, también lo llenaré de música y flores,
tú eres el paso a la gloria con tu amor,
ven, no temas, caminemos por esos caminos que nos cubrirán de
felicidad y amor,
ven, corramos bailando en esta alegría de nuestro amor.

Las Vacunas   26-10-21

Una de las más graves muertes por una epidemia nos ha tocado,
pero yo reconozco la gran Tecnología que nos ha salvado de morir.
la vacuna contra el Coronavirus que ha salvado millones de vidas,
porque la Humanidad ha desarrollado muchas vacunas para curar muchas
epidemias como esta que estamos viviendo pero que también han
combatido,
más de 10 epidemias mortales como las que enumero
Viruela más de 300 millones,
Sarampión 400 m,
Gripe Española 50-60m,
La Peste Negra 75 m,
el virus de la Inmunodeficiencia humana 25m,
La Plaga de Justiniano 25 m,
PesteBubonica12m, el Tifus 4m,
El Colera 3m,
La Gripe de Hongkong casi 1m,
otras como el Ebola, Gripe Aviar. Y un ejemplo es E. Jenner que en 1796
produjo la vacuna contra La Viruela, y es el más reconocido ya que han
acabado con un mínimo de Pandemias Mundiales. Por eso no debemos
dudar de todas esas vacunas producidas Técnicamente.
Debemos aceptar que es la mejor solución para la Humanidad.
Se han salvado por todo el mundo millones de seres humanos.
Y principalmente desde la niñez cuando son vacunados.
Hagámoslo, salvemos a nuestros seres amados ¡VACUNEMONOS!

Ave del Paraíso 27-10-21

Toca mi corazón y ve mis ojos llorar,
las notas de tus melodías lo ha hecho,
con la gracia del Creador un mundo lleno de paisajes,
déjame amarte porque tú eres una de sus grandes creaciones,
tan hermosa como las bellas flores de este mundo,
tu voz enciende mis emociones por lo hermoso de tu canto,
ya que también eres como un ave del paraíso,
tu voz o tus cantos me inspiran a adorarte por ellos,
todo en ti es maravilloso y yo no deseo dejarte alejar de mí,
me he enamorado profundamente de ti,
y voy a luchar al máximo por convencerte de mi amor,
que cuentes conmigo en tus sueños de vida,
porque yo deseo ayudarte a formar tu mejor hogar,
en tí veo que no hay falsedades en ti,
que eres lo más real y grandiosa mujer de este mundo,
en ti he encontrado la mujer ideal para vivir unidos,
unidos en el amor y nuestro vivir por siempre.

La hermosura de tus ojos　　　28-10-21

En la belleza de tus ojos reflejo todas mis ideas en ti,
porque son tan hermosos que puedo crear el mejor poema,
el pensar ver cómo lograr que voltees a mí con amor,
es un verdadero sueño realizable para mis pensamientos,
en tus ojos veo el fondo de una grandeza de sentimientos,
sentimientos capaces de amar con pasión y dulzura,
en ellos veo tu ambición por un amor limpio sincero y real,
y no un amor falso que solo busque placer,
porque en tus ojos se ve la pureza de la gran mujer que eres,
por eso me he enamorado tan profundamente de ti,
en tus ojos veo el gran futuro que a mi vida le puedes dar,
porque yo si no he visto a alguien como tú en mi vida,
los sonidos musicales suenan cuando oigo tu voz,
especialmente cuando a mi volteas hablándome o cantándome,
diciéndome tantas frases amorosas a mí que me fascinas,
porque no oigo quejas de mi hacia ti por mi forma de ser,
amarte con sinceridad por el resto de mi vida será mi deseo,
que en mí no encuentres maldad ni vicios al amarte,
porque son tus ojos los que me hacen llorar de alegría,
al ver en tus ojos un alma como la tuya,
tuyo seré por siempre en el rincón de nuestro amor.

¿Culpable?   28-10-21

Calla tu corazón, deja de reclamar tus problemas,
tú y solo tú eres la mayor parte culpable de esos problemas,
porque no has actuado como debiste, siempre desatendiendo
los problemas que solo tú deberías de resolver sin ayuda,
deja de culpar a Dios y a la gente que te rodea,
tú y solo tú eres el culpable de tus problemas, entiéndelo,
si tú te hubieses preparado mejor para estudiar una profesión,
ahora serías o un Almirante de la Marina o Ing. Mec. Elect.
vélo desde el punto de vista real tu culpabilidad fue real,
se comprende que nadie quiso ayudarte de ninguna forma,
pero has analizado de quién esperabas ayuda,
porque los que te hubiesen ayudado bien, ya estaban muertos,
por lo que eras tú quien debió haber buscado la ayuda real,
porque sí la había y es lo que debiste haber hecho,
y no casarte a las primeras y dejar tu carrera sin recibirte,
debiste haber compartido el sueño de tu esposa,
ella la de ser Abogada y tú de Ingeniero pero tu machismo,
lo impidió y hoy que los años han pasado sobre nosotros,
observa realmente para que veas que de todos tus fracasos,
tú eres el culpable, por eso deja de culpar a los demás,
y trata, trata de encontrar una buena solución,
eres tú y nadie más que tú quien encontrará la solución,
sal a buscar como sea la solución que tanto deseas,
solo tú la encontrarás.

Ayudar a vivir   28-10-21

¿Quién podrá y querrá reanimar mi vida?,
porque la pobreza es muy fácil de hundirlo a uno,
y todo se vuelve tristeza y desesperación por la miseria,
en especial cuando se carece de empleo o una buena pensión,
porque por más que uno intenta reanimarse,
no parece haber ayuda, inclusive la de Dios,
a quien tanto le rogamos por su ayuda,
y la falta de todo nos hunde más en la desesperación,
pero en esa forma de vida se busca una solución,
y siempre se encuentra cuando se vive correctamente,
un hijo, un pariente cercano, un amigo,
pero siempre le pueden ofrecer a uno ayuda,
o bien se puede tratar de realizar algunos trabajos,
como ayudante en la reparación de una casa,
algo se puede encontrar cuando se busca bien,
nunca debe uno rendirse ante la desesperación por la miseria,
como digo mucho se aprende en la vida y es cuando podemos
usar este aprendizaje es el mayor privilegio ante lo difícil de la vida,
malo es cuando uno cae en la miseria y enfermedades serias,
como cáncer, el intestino, estomago, el corazón y otras que pueden
ser causa de muerte,
por eso es tan importante en la vida que desde la juventud
empezar a ahorrar de todo, hacerse de una casa propia,
tener un seguro de vida, todo lo necesario para no llegar a la vejez
pidiendo o buscando ayuda.

Una mujer como tú

28-10-21

Cómo podré llegar a ti cuando yo vi en tus ojos el amor,
un amor que pareciera un milagro por tu belleza,
esa belleza y tu sonrisa que me han impresionado tanto,
que ahora no encuentro el camino para encontrarte,
porque parece que te has ido para nunca volver,
y yo con tu mirada me enamoré perdidamente de ti,
que hoy quiero continuar mi vida pero tu imagen me lo impide,
ya que yo quiero encontrarte, no puedes haberte perdido,
porque en nuestro tiempo te encontré enamorándonos más,
hoy sé que tengo que buscarte en todos los rincones del mundo,
todo lo que sea para encontrarte y así empezar a amarnos,
amarnos con todo nuestro deseo como me inspiraste cuando te conocí,
ven, vuelve a mí, te digo que no me dejes perderme en la oscuridad,
no te arrepentirás de amarme como yo te amo a ti,
tú me inspiraste y me juraste entregarte a mí con tu amor,
y eso ha sido lo que busco en ti, por eso te amo con desesperación,
¡ven, encuéntrame! que una mujer tan hermosa como tú,
nunca la encontraré y como tú te entregaste a mí con tu amor,
hoy ya no sé cómo vivir, si en mi corazón estás tú con tu imagen,
tu imagen está tan grabada en mí que no puedo borrarla,
cada instante, cada día tu imagen las repaso en mi mente,
y yo mismo me digo que no puede ser posible haberte perdido,
yo te pertenezco y sólo la muerte me separará de ti,
y sé que no es lo que a tí te ha pasado ¡ven!, ven y juntemos
nuestras vidas por siempre.

Tan especial mujer   29-10-21

Cuánta hermosura hay en tu rostro y en ti,
que me hace temblar de la emoción de haberte conocido,
veo que tu belleza interna es para amarte intensamente.
que no puedo pensar en nadie más que en ti,
porque cuando hablas oigo como si fuera angelical tu voz,
no tengo la menor duda que sólo en tí encontraré felicidad,
rodearé de gardenias, rosas y camelias todos tus caminos,
porque tu belleza debe estar adornada por esas flores,
que tú mereces vivir en un mundo de dicha y amor,
porque sólo una mujer tan bella lo merece,
y ruego a Dios porque me permita amarte y adorarte,
nadie es capaz de mostrar en su belleza el alma noble de ti,
insistiré por lograr conquistar tu amor que es tan infinito,
mi vida se coronará entre los más sagrados sentimientos,
sólo en ti lo podré lograr por tu gran belleza,
que dentro de ella encierras una gran nobleza de mujer,
díme cómo podré acercarme a ti para alcanzar tu amor,
porque cuando lo haga los cantos de la música nos encerrarán
en los mejores tiempos con las melodías que nos harán soñar
y absorber nuestras vidas en el romance,
solo en tí lo he encontrado,
que como un angel del cielo te comparo a ti.

Efectos secundarios del virus   29-10-21

Habrá alguien que haya sufrido con este virus,
que pueda explicar porqué son tan grave sus efectos,
porque a pesar de la vacunación y que yo ya la tengo,
sus efectos son tan confusos y difíciles de manejar,
saber si es por el virus o por la vacuna los malestares,
el porqué de padecer los trastornos que he padecido,
el ver que en algunos pacientes han sido tan severos los efectos,
que algunos les ha afectado su memoria y su agilidad mental,
que hoy que viven con esos efectos les producen malos efectos,
o que habrá pacientes que como yo estén padeciendo del intestino,
porque yo siento una sensación casi de desmayo cuando mi intestino
no me trabaja bien y es cuando tomo solo parte de la medicina para eso,
¿Qué es lo que debo esperar ante tanto malestar hasta por medicinas?,
porque los deseos de vivir son sin fin, saber que está atrás,
es lo que más desea uno saber, si no se han podido analizar
bien los síntomas de la Pandemia,
por eso son mis temores, que sin saber el por qué los efectos
secundarios me atacan más fuerte, tanto de la epidemia como de
la vacuna, porque hasta ahorita los efectos de la vacuna no han
sido un peligro total para mi salud,
como lo sería el virus si no me hubiese vacunado,
son miles los que han sido atacados hasta la muerte.

¿Me odias?   29-10-21

Me haces sentir tanto temor con tu actitud,
que hoy deseo tanto saber cuál es la causa de tu frialdad,
veo que todo te molesta de mí y que nada me reclamas,
y créeme que después de tantos años juntos no logro entender,
explícame sin temor de ese enojo que oigo en tu voz,
tú has sido el mayor motivo de mi vivir al amarte,
contigo y por ti he luchado por tener una vida protegida,
y hoy no entiendo ese actuar tuyo en contra mía,
he hecho cuánto has deseado con lo que he podido,
yo he vivido tan feliz a tu lado que insisto en saber qué pasa,
hoy yo no puedo adaptarme a ese final que pareces desear,
también hoy veo que todo te molesta o te hace enojar conmigo,
yo te ruego déjame saber el motivo de tu enojo conmigo,
te he amado y solo contigo he podido disfrutar de la vida,
a tu lado siempre encontré en ti motivos para amarte,
hoy como te digo es muy doloroso para mi tu actitud,
¿Qué puedo hacer ante tanto enojo tuyo?
Déjame saber qué es lo que tengo mal para ti,
entiende yo ya sin ti no tengo ningún futuro,
no quiero pensar que lo que más deseas de mí es mi muerte,
yo te amo y no entiendo porqué ahora pareces odiarme,
yo te necesito tanto en mi vivir que sin tí no lo lograré.

Con una gardenia   29-10-21

Con tan solo una gardenia en tu manos,
que te entregare con todo mi amor y pasión por ti,
espero que puedas sentir el calor de volver a mis brazos,
porque si vuelves no será tan solo una gardenia,
trataré de llenarte de ellas para que veas cuánto te amo,
a tu lado mi vida se llena de grandes emociones,
lucharé por darte toda la felicidad posible,
y sé que caíste en esa enfermedad que te alejó de nosotros,
pero que la alegría en mi es inmensa por tu salud,
te has recuperado y pronto a nuestros brazos vendrás,
te amamos tanto que la angustia de perderte nos
envolvía en una pesadilla desesperante y angustiosa,
no era nuestro tiempo para dejarte ir por nuestro amor,
esta infamia de haberte enfermado es imperdonable,
y yo no sé cuán culpable sea yo por descuidarte,
yo que te he amado tanto nunca dejaré de cuidarte ahora,
porque hoy sí me moriría de dolor si te perdiéramos,
mis cuidados hacia tí serán mucho más intensos para tu salud,
deseo tanto que nunca más puedas volver a pasar por esto,
compréndeme que aunque hice todo lo posible, caíste enferma,
por lo que hoy no me permitiré descuidarte,
porque tú eres para mí como una Diosa o una delicada flor,
que requieres de todo mi cuidado y atención total,
no dudes de mí, todo tuyo soy y mi vida te la dedicaré,
con más voluntad de cuidarte y hacerte feliz.

¿Un camino?   29-10-21

Perderte es para mí el camino a mi muerte,
yo no sabría cómo vivir en esta vida cruel y miserable,
que es como la viví hasta que te conocí,
desde entonces la vida me tocó vivirla con tu amor,
porque cuando te conocí yo buscaba la muerte,
enrolándome en la Policía o el Ejército para morir más pronto,
pero fuiste tú la que se cruzó por mi camino y la vida me cambió,
en tu rostro, tus ojos y tus labios todo era una sonrisa,
ésa con la que me motivaste a vivir en las mieles de tu amor,
viví pasajes tan fructíferos a tu lado,
que hoy recuerdos van y vienen y siempre excitantes a tu lado,
bailes, paseos, viajes a algunos países,
tú llenaste mi vida como cuando llenamos las bolsas de riquezas,
compréndeme, todo ha sido tan valioso vivir a tu lado,
que como digo sin tí mi vida ya no valdrá nada,
dime o grítame que sí puede haber una forma de seguir juntos,
juntos hasta que los dos caminemos hacia el paraíso de Dios,
porque yo sí he vivido a tu lado como con nadie,
tú eres la experta en la felicidad y ternura para el amor,
ruego a Dios te dé el aliento para seguir a mi lado,
porque es como te digo, ya nada me hace volver a mi miserable vida,
tú eres la esperanza de vida en el amor,
mi lucha será para demostrártelo.

Una diversión para tí   30-10-21

Dentro de lo sentimental de mi ser me heriste sin compasión,
dejándome en el olvido mientras tú partías a la diversión,
en mi mundo, lloro de la tristeza por la dureza de tus sentimientos,
pareciera que eres un alma cruel y despiadada,
que nada te importa el sufrimiento de los demás,
hoy veo que ni yo te importé, que mi amor hacia ti en nada
te conmueve para no abandonarme,
que hoy debo endurecerme para no caer en el amor de alguien
como tú que bien demuestras tu carácter,
debo pensar que enamorarme de tí fué una terrible equivocación,
que todo lo que creí ver en ti era falso,
que en ningún momento tu relación fué seria hacia mí,
que todas las hermosas palabras que me decías sólo fueron burlas,
¿Cómo puedo ahora creer que había amor en ti?,
Ahora veo que sólo fui una diversión para ti,
que por eso me dejaste riéndote de mí,
y yo que creí que contigo había encontrado el amor soñado,
pero qué difícil fué convencerme de que sólo te burlaste de mí,
yo espero y deseó que sigas con tu forma de ser y seas feliz,
que encuentres tu pareja ideal y que te cumplan tus sueños,
porque hoy veo que en mí nada encontraste,
sólo fuí un entretenimiento para ti, y que por eso te fuiste.

¿Oficial y caballero? 30-10-21

Mi amor de juventud fuiste tú,
respetarte y amarte era primordial ya que yo era Cadete,
que salimos cada día que tenía yo franco,
las idas al cine, los paseos por el Malecón,
todo era casi una aventura romántica contigo,
y los años pasaron en nosotros en nuestra relación,
el visitarte en la casa de tus padres, era sentir ser parte familiar,
todo era impresionante para mí,
asististe a varias ceremonias en mi Escuela Militar,
en los viajes de prácticas me despedías con mucho amor,
todas las veces que íbamos a fiestas o bailes te sentía excitada,
pero eras una adolescente cuando nuestro noviazgo,
que debería formalizarse hasta mi graduación como Oficial,
sentí varias veces tu enojo porque yo no pasaba de una relación seria,
una relación de novios formales y nada más,
porque yo temía llegar más lejos contigo en nuestra relación,
pero bien sabía que si violaba los códigos de conducta me corrían,
y eso no era lo que yo buscaba, yo quería ser un Oficial,
y a ti parecía no importarte lo mío, porque si me comprometías,
yo me tendría que casar contigo, una regla no aceptada por la Escuela,
por eso me negué tantas veces, y por fin fracaséya en la Escuela y me
dieron de baja, y fue cuando me dijiste que querías casarte con un Oficial,
cosa que conmigo no pudo ser y me dijiste adiós.

Vero

Que triste es para mí ver todas tus fotos,
recordarte cuando naciste, y cuando fuiste creciendo,
todos esos tiempos en recordar tus risas y tus llantos,
cómo no pensar en todos esos años de tu vida,
cuándo te graduaste de la Universidad en Arquitectura,
fué tan memorable para mí por todos esos años,
años de estudios, prácticas, trabajos escolares y tanto más,
tus cumpleaños, tus fiestas, tus trabajos,
todo se me fué acumulando para tener grandes recuerdos,
asistir a tu graduaciones que nos hiciste sentir unos padres
orgullosos de ti por tus empeños en graduarte,
todo ahora son recuerdos que me hacen llorar,
hasta que te casaste nuestra idea fue siempre apoyarte
en todo lo que hacías,
por eso ver que cuando escogiste casarte lo hicimos,
casi 20 años de verte en tu matrimonio,
y qué decir de tus grandes trabajos como Arquitecta,
ver cómo desarrollaste tantos trabajos y proyectos,
todo en nosotros era emoción y alegría al ver lo que lograbas,
pero poco a poco empezaste lo más duro de tu vida,
el tener que enfrentar las restricciones de tu esposo,
poco a poco empezamos a ver tus tristezas,
poco a poco te nos fuiste yendo de este mundo,
hoy me siento un fracasado como Padre,
y con mucho dolor por haberte perdido,
rogamos a Dios porque estés en su Reino.

¿Escritor?   30-10-21

¿Creer que puedo ser un mago de la escritura?
donde podré confirmar tal absurdo porque para mí no lo soy,
podré escribir relatando tantas cosas como pensamientos,
o puedo inventar novelas para realizar un libro,
pero lo que sí me entusiasma es pensar en ganar,
ganar un premio Nobel de Literatura,
pero también suena para mí como un sueño imposible,
yo siento no tener la aptitud para crear grandes pensamientos,
o tener la habilidad para crear y escribir una novela,
cosa que ya hice pero la prueba está en que nadie la compra,
veo que quizás no le puse el punto ideal para hacerla interesante,
pero como dicen los dichos soñar no cuesta nada,
y yo por eso sigo escribiendo con toda esa ilusión,
pero no dejaré de imaginar Mis Pensamientos o iniciar una
novela, porque hay tantas ideas para escribir Pensamientos,
y en especial ahora que he recibido halagos a lo que escribo,
porque aunque yo no parezco tener talento,
los resultados de mis libros si lo sostiene,
por eso siento la necesidad de no parar de escribir y buscar ideas,
ideas que me sirvan para crear mis libros,
existen muchas razones para hacerlo.

¿Una Ciudad legal?   31-10-21

¿Vivir en una supuesta ciudad con orden legal?
basta con salir a manejar por ella para darme cuenta de lo que es,
porque encuentra uno que la gente no parece tener licencia de manejo,
porque ahora como que no se respetan los reglamentos,
porque no guardan su distancia, no respetan los límites de velocidad,
no se dan cuenta o lo hacen a propósito,
el manejar a alta velocidad por el carril derecho rebasando sin cuidado,
yo tuve que pasar por 2 exámenes muy estrictos para tener la licencia,
en preguntas, manejando y hoy no sé cuáles sean las reglas,
porque la gente no respeta nada, por eso digo que no es posible
manejar por la Ciudad sin problemas viales,
no veo que la Policía haga algo en contra de esa gente como antes,
porque ni por las calles ni por las avenidas sin semáforos se les ve a ellos,
y solo aparecen cuando hay accidentes y a veces mortales,
por eso no me explico cómo es posible en una ciudad como Los Angeles
Ca. La gente ahora maneja como quieren sin que nadie los castigue
o los multen como cuando yo empecé a manejar aquí,
a mí si me atemorizaban porque dependiendo de las multas, la Licencia
podía ser suspendida temporalmente o cancelada,
no me explico ver tantos accidentes, y que a veces son mortales.

¿Te vas odiándome?   31-10-21

Te vas y yo me siento en la mayor soledad,
después de compartir nuestras vidas y problemas,
hoy no sé cómo rogarte porque no me dejes,
compréndeme tú eres la salvación diaria a mis problemas,
una y otra vez me pregunto qué o cómo puedo convencerte,
sí de que te necesito tanto en estos finales de mi vida,
a tí te he amado tanto que en ti no veía defectos,
fuiste y eres mi mayor felicidad actual,
gozar de tus atenciones en comidas, limpieza y tantas otras,
que ahora te digo, no veo que voy hacer con mi vida,
yo no supe realizar tus tareas de mujer y esposa,
espera por favor, vé y comprende porque te amo tanto,
no me dejes, dime qué es lo que no te gusta de mí,
yo te juro que cambiaré todo lo que me digas,
compréndeme que durante mis años de trabajo, cansado
y sin saber que había tantos reproches en ti por mí culpa,
sin saberlos yo no ponía atención, no sabía que empezaste a odiarme,
que durante todos estos años fuiste acumulándolos,
nunca pensé en mis estupideces que te hacía,
siempre pensé y me basé en nuestro amor,
no me di cuenta que mi actitud era una pesadilla para tí,
nunca me dí cuenta de mis errores que te hicieron odiarme,
hoy me hinco a rezarte porque no te vayas,
dime cómo puedo retenerte sin odios.

Amarguras y fracasos   31-10-21

Mis amarguras y fracasos de mi vida son muchos,
vivir en la soledad me ha hecho la vida muy amarga,
sin un amor o aliciente que impulse a vivir,
muy triste para mí es cada día sin encontrar metas,
porque en la soledad y la miseria todo se vuelven fracasos,
es igualar mi vida con la de los vagabundos de la calle,
que vagan sin obligaciones o responsabilidades,
que no les importa el morir ni lo que la gente diga,
es así como hoy siento mi vida fracasada,
tanto que me enamoré y deseé tener ese amor,
que cuando por fin tuve el más fuerte y recíproco amor,
y por no saber tomar la debida acción poco a poco lo fui perdiendo,
que por más que rogué por conservarlo pero no lo obtuve,
y que con las enfermedades y el cansancio lo fui dañando,
y que el trabajar para tener los más elementales recursos nada ayudo,
comprender que esta amargura y fracasos es mi culpa,
porque no me preparé bien para enfrentar y lograr una profesión,
una que me permitiera un trabajo profesional,
y no una sino varios, empleos temporales por mi incompetencia,
que los trabajos de chofer, electricista, albañil nunca me han ayudado,
que vivíamos prácticamente en la miseria, por eso hoy en mi soledad
acepto mis culpas y fracasos por tener una vida con satisfacciones.

¿Bien pensionado?   31-10-21

Cómo asegurar que hoy puedo vivir sin carencias,
pues vivir sin problemas hoy es un absurdo,
el retiro en los trabajos para vivir pensionado,
entre más tiempo sigas trabajando, más beneficios vas a obtener,
y todo es por llegar a la vejez con una buena vida,
porque poco a poco se vive con enfermedades,
algunas de las cuales lo van dejando a uno inútil,
para superarse en los trabajos,
muchas veces lo hace uno notar a los jefes del trabajo,
y de esa manera van buscando la manera de sustituirlo a uno,
y claro la vejez ayuda más a ser sustituido,
pero en condiciones a veces muy miserables,
porque las enfermedades lo hacen a uno perder mucho tiempo laboral,
que poco a poco se va acumulando la incapacidad,
y que esos tiempos lo hacen a uno perder más beneficios,
por eso yo pienso y siento que las enfermedades son muy complicadas,
que por eso se pierden hasta los empleos,
y cuando se llega a la vejez todo es difícil,
ya que los seguros médicos no ayudan mucho,
principalmente por el tiempo trabajado,
por eso es tan necesario pensar en vivir y mantenerte sano,
desde la juventud al practicar el ejercicio físico,
todo lo que sea para ser un buen elemento en los trabajos.

¿Amar la Patria?   31-10-21

¿Amar la Patria donde se nació?
sí, pero cómo con lo difícil que es la vida en ella,
la falta de recursos, de dinero, educación, desempleo
fabricas y tantos obstáculos, cómo pensar que es la Patria de uno,
¿es fácil vivir en ella?, Cuando se ve que las Autoridades son
corruptas, que la delincuencia crece por la miseria,
y luego ver y saber de tanta drogadicción,
que a los niños y niñas y a las mujeres se les secuestra
para el tráfico humano,
o que son secuestradas para obligarlas a prostituirse,
tantos y tantos crímenes por robos, extorsiones, asesinatos,
y que desgraciadamente en casi todo el mundo pasa,
cómo pregonar el amor a la Patria cuando se carece de tanto,
cómo pensar que toda esa gente en el poder es tan cruel,
que su corrupción no los atemoriza, y su cinismo los hace llevar
vidas corruptas, y que muchos de esos funcionarios huyen para vivir
en otro país, cómo es posible pensar en todo ese mundo,
cómo amar el lugar donde se nació,
si se hacen sacrificios y hay muchas muertes,
y la forma de vida es casi mundial,
y que no se ve solución a tanto problema,

La novia ideal   31-10-21

Te conocí en la mitad de mi juventud,
y tu juvenil belleza me transformó mi manera de ser,
porque me insistías en lo que era para ti amar,
querías una formalidad profesional para tu vivir,
porque habías atravesado por carencias,
que por eso tú estudiabas y trabajabas para salir adelante,
que no querías vivir en la pobreza,
que si te casabas sería con un Profesional como tú,
o con un hombre formal y con dinero y sin vicios,
por eso me insistías en que si te amaba,
que te hiciera saber que te estaba copiando,
al querer ser un Profesional como tú y no un simple trabajador,
como dijiste cuando te pedí ser mi novia,
¿y ya pensaste que vas hacer de tu vida para mantenerte?,
y por eso seguí estudiando con la meta de ser un Profesional,
que durante los años que novios fuimos,
tu amor fue tan especial y tu gratitud fantástica,
porque me has demostrado que cuando nuestras vidas se unan,
será con una gran reciprocidad de amor y metas,
que tu amor será de una entrega amorosa y total,
que cuando nos casemos será hasta la eternidad,
por eso hoy digo, ¡Gracias a Dios por haberte conocido!.

¿Amarte aquí?   01-11-21

¿Qué es el amarte en estos lugares?
donde nos rodea con tanta envidia y egoísmo,
donde miss propósitos son amarte con tanta dedicación,
porque yo no te envidio, yo te amo y te deseo,
tanto que no encuentro formas de demostrártelo,
en especial con gente que tanto me critica,
que es gente sin escrúpulos llenos de envidias,
y siento que te hacen dudar de mis sentimientos,
pero yo no necesito de palabras para demostrártelo,
que yo te lo voy a demostrar con hechos,
con las mejores demostraciones de la pureza de mi amor,
que cuando te veas en mis ojos veas mi gran amor por ti,
que es lo que yo veo en ti cuando tus labios beso,
y que si tu felicidad puede y quieres tenerla aquí, aquí te la daré,
tu hogar será una gran prueba de mi amor y pasión por ti,
que en nuestra boda las campanas repicaran por nuestra alegría,
vamos, amémonos con todas las condiciones que me impongas,
que no descansaré por cumplir cada una por amarte,
que cuando tú veas que todas las he cumplido te darás cuenta,
que mis palabras nunca serán falsas por el amor a ti,
y que nuestras vidas se sellarán con la pasión
y el amor que nos tenemos, ven, paso a paso iremos cumpliendo
nuestros pensamientos por el gran amor que nos profesaremos,
la llama del amor nos ilumina y por eso lo comprenderás,
te amo con todo el corazón y mis deseos, y olvidarás mis errores,

Las promesas del pasado   01-11-21

Ven, olvidemos el pasado, mejoremos nuestras vidas,
veamos que el pasado se puede borrar,
que debemos olvidar el dolor del pasado,
que pronto te darás cuenta de eso,
que tomaremos en cuenta los males que hice,
al no cumplirte mis propósitos que te prometí al unirnos,
pero las necesidades me hicieron dedicarme a resolver,
te amo y hoy me es tan difícil trabajar y dedicarme a tí
pero pienso que las horas y minutos que a tu lado pase,
las haré que sientas todo el calor y pasión que siento por tí,
verás que mis palabras no tienen falsedades,
que no quiero que te sientas descuidada o triste,
nuestro amor nos hará gozar de los mejores momentos,
que por eso al altar te llevé para que veas lo que te amo,
que todos nuestros momentos juntos deben ser inolvidables,
que yo no te haré sentir mal en ningún momento,
porque juré amarte en el altar y eso haré siempre,
que moldearemos nuestras vidas para hacerlas un ideal,
porque a cada momento te demostraré mi amor,
yo ya no siento deseos de otras diversiones,
tú y sólo tú has llenado todos mis deseos,
no tengo ningún capricho por realizar,
solo tengo los que tú me impongas por tu amor,
para mí como te juré, a nadie amare como a ti.

La cruel delincuencia 01-11-21

El pensar en todos esos seres que han perdido sus vidas,
que siempre lo hicieron por el dolor que
les hacían ante las amenazas de los terroristas,
y que también muchos lo hicieron tratando de evitar robos,
y que realmente es muy doloroso ver cómo se sacrifican,
que todos los días se ven como matan empleados de tiendas,
es una de las grandes tragedias que veo diariamente,
y que las autoridades con sus leyes y sistemas prácticamente
los perdonan, yo no puedo ahora concebir esos juicios,
que están argumentados con videos y fotografías del suceso,
por lo que pienso que la ley debería ser más estricta,
sentenciando a pena de muerte a esos criminales que
dieron muerte a los empleados donde robaron,
y que muchos Abogados encuentran motivos para que
se les perdone, cosa que para mí se me hace imperdonable,
por la valentía y perdida de esos trabajadores,
y que con la crueldad con que fueron asesinados así
debería ser igual de cruel el procedimiento en contra
de los criminales, porque los empleados para ser contratados
batallaron tanto con los negocios
y que no fueron ayudados en el momento del delito
para ser las víctimas de los delincuentes,
debería la sociedad crear grupos que condenen a los criminales,
porque no considero justo el perdonar la vida de un asesino,
y que no se tome más en cuenta el gran sacrificio que hicieron esos
empleados que perdieron la vida por la delincuencia.

Contagio por Covid 19   01-11-21

Con la epidemia en activo al ver un familiar que dió positivo,
la pregunta es ¿Si estando vacunados es posible el contagio?
y claro se sabe que hay que hacerse la prueba lo antes posible,
mi problema es que el Papá de mi Biznieto dió positivo,
habiendo estado cuidándolo qué tiempo se necesita para contagiarse,
y luego nosotros por tener que cuidarlo por horas,
qué debiéramos esperar cuando nos ha pasado eso,
y dicen que para saber si da uno positivo,
uno debe esperar unos 5 o 6 días para hacerse la prueba,
pero el misterio está, sin saber si nos ha contagiado,
porque nosotros ya hemos recibido las 3 dosis de la vacuna,
cómo y dónde encontrar la respuesta para saber si nos contagiamos,
por eso creo que es tan importante saber cuál es,
cuál puede ser el grado de peligro de contagio,
porque se nos ha dicho que hay que esperar,
pero esperar por esa prueba desespera,
por no saber inmediatamente que fué lo que pasó,
principalmente que si nos hemos contagiado que vamos a hacer,
y saber que fue es lo importante,
mi problema es mi desesperación por saber el resultado.

Sin paciencia 02-11-21

Encerrado en mis problemas,
todo mundo me critica por mi desesperación y ansiedad,
pero es precisamente por los problemas que a veces no sé
qué hacer, porque me encuentro con muchos sistemas,
que no sé, muchos porque no entiendo el sistema en Inglés,
palabras que cuando sé el significado pierdo la comunicación,
o tengo que esperar mucho tiempo para encontrar lo que busco,
y claro la gente me critica mi falta de paciencia y mis protestas,
pero acostumbrado a dar soluciones rápidas,
y el encontrar que las personas me den respuestas igual,
eso me hace alterarme más y me pregunto qué hago,
si se trata de una medicina o procedimiento siempre tengo que
esperar horas o días, y todo porque así lo requiere los sistemas,
pero eso me hace volver a mi mente el tener paciencia,
porque es cuestión de convencerme de que no puedo cambiar
la forma como la gente vive,
que es más fácil para uno ser paciente ante el mundo,
que en nada se puede cambiar lo que el mundo vive,
porque para cambiar todo, es necesario el ser un líder político,
o ser un científico bien reconocido,
y es cuando a mí mismo me tengo que decir, actúa con paciencia,
y si desesperado estás resuelve tu problema pero no le hagas sentir
a los demás tu ignorancia y desesperación,
calmado y paciente debes ser.

Tu Eva   02-11-21

Te veo y observo cada parte de ti,
y me doy cuenta que nunca me equivoqué contigo,
que todo lo que vi en ti me ha hecho amarte tanto,
amarte por todos estos años que a tu lado he vivido,
que han sido inolvidables y llenos de actos tuyo tan
maravillosos, porque también me diste a nuestras hijas,
y tú nunca las descuidaste y ni a mí tampoco,
tu precisión para darnos todo lo que necesitábamos,
nos hiciste vivir a mí como rey y a ellas como princesas,
todo nos atendiste con amor y dedicación esmerada,
que hoy no encuentro cómo pagarte o recompensarte,
por todo lo que por nosotros nos has dado,
tu amor tan especial y dedicado a entregarme tu amor,
yo hoy siento mucho arrepentimiento por no darte quizás
la felicidad que de mí esperabas, porque el trabajo, el cáncer,
me hicieron no poder cumplirte mis sueños para tu felicidad,
y hoy que han pasado todos estos años, no sabes qué gusto me darías,
si me expresaras tus verdaderos sentimientos y frustraciones,
principalmente por no haberte dado la vida que te mereces,
porque tú siempre nos la diste,
la vida de amor, cuidados y atenciones.

Día de los muertos 02-11-21

En este día de grandes recuerdos y tradiciones,
recuerdo a los más importantes para mi, mis Padres,
y sobre mi padre solo digo que no puedo desearle paz,
principalmente por todo lo que a mi madre le hizo,
y el pensar en quién me dió la vida me confundo mucho,
porque a mí me tocó a su lado muchas dolorosas escenas,
algunas a mis tan sólo 3 años de vida,
el ver cómo le gritaba a mi mama y hacía tanto escándalo él,
y me dañó mucho, ya que nunca pude olvidar esa noche,
y los años siguieron y mi vida empezó a tener tropiezos,
por ti madre porque ese orfanatorio en que me dejaste me
provocó tanta amargura toda mi vida, que aún no olvido,
y aunque tuvimos 2 años mis hermanas y yo con mis abuelos,
seguiste provocándome la frustración y la tortura porque eso
fué lo que me provoco tu nuevo marido, lo más triste fué que
seguiste negándome tu apoyo y la vida a tu lado continuó en mí
la amargura por tener que vivir prácticamente en la calle,
¡Oh como duele! Más años de dolor y tristeza me diste,
pero claro, hubo una salida a todos esos años,
cuando inicié mi vida en la H. Escuela Naval Militar,
que claro fue una gran aventura por los desfiles, ceremonias,
viajes de prácticas, lugar que me hizo borrar los problemas de mi niñez,
y ahora que cumplimos 52 años de matrimonio vieras cuánta alegría
tenemos con nuestras hijas y te recuerdo hoy día de los muertos.

¿Un mundo perfecto?   03-11-21

¡Hoy los escucho oh pueblos del mundo!,
deseando que la luz divina los ilumine,
que pienso en las risas y cantos de cada uno,
que notas musicales engrandecen cada país,
con sus propias melodías símbolos de vida,
y la dicha que el amor entre hermanos prevalece,
que la rima de los poemas se engarzan por el mundo,
por la gran hermandad que existe,
que sin maldad, el amor se da por todos lados,
que hace que rimen las palabras de cada Nación,
y es enorme porque existe la gran hermandad,
que Dios proveyó a cada país para que lleguen a su gloria,
porque con la paz y la cooperación de cada país,
evitarían el hambre y la pobreza al no haber discordias,
tal como Dios espera de todos nosotros los seres humanos,
porque cada país que tiene lo que otros no pero no lo comparte,
como siempre se ha hecho desde la creación de la humanidad,
que por eso tenemos odios, envidias, robos, drogadicción, guerras,
hambre, porque si quisiéramos esa paz que no existe en el mundo,
debido a las armas, odios, y envidias podríamos tener un mundo feliz,
al cooperar todos los países por la felicidad y tranquilidad de cada
país, construyéndose centros turísticos, sembrar la tierra,
fabricación de todo lo que la humanidad necesita como transportes,
todo, todo para decir que la vida estas en el paraíso de Dios,
y que nos amemos los unos a los otros sin odios, sin rencores, sin envidias.

¿El mundo a visitar?   03-11-21

Veo y pienso en las maravillas de la naturaleza,
bosques, lagos, campos, ríos, montañas,
tanto que sé que se ha creado para el mundo
que también existen lugares peligrosos para vivir o visitarlos,
y no se diga los desiertos o los glaciares de los polos,
todo es una gran maravilla y yo que tuve la dicha de viajar,
hoy a mí me asombran muchos lugares que deseo conocer,
pero que la vejez y sus problemas me lo impide,
duele demasiado por las incapacidades que se van teniendo,
por eso hoy me ocupo en ver en la televisión tantos paisajes
la fauna animal así como la marina, las cantidades de plantíos de
verduras cría de animales para que sirva de alimento para todos,
pero que también hay que escoger mejor para reducir la incidencia de
enfermedades como la diabetes y otras enfermedades,
que no se pueden eliminar del cuerpo,
por lo que todo se asemeja a un martirio de vida,
pero el poder ver esos paisajes de todo el mundo y el poder
oír tanta música tan fascinante, es para mí la forma perfecta de vida,
pero ahora con esta Pandemia el pánico se apodera de uno al ver
que el convivir hasta con nuestros seres queridos es un peligro para ambos,
y por eso hoy vivo como decimos en una tablita, por tanto peligro,
y nos aislamos, cuidándonos y alimentándonos y sólo la música y la TV nos
permite vivir con cierto positivismo.

Tú y yo   03-11-21

Envenenas mis pensamientos con tu frialdad,
difícil es para mí pensar en tu forma de ser actual,
porque con tus reproches y tus críticas hacia mí,
hoy ya no puedo pensar en que me amas,
tu frialdad congela todos mis sentimientos,
y uno de tus grandes reproches son mis problemas,
problemas económicos que yo no encuentro solución,
que sé que tus pretensiones son muy justificadas,
pero hacerte comprender de mis limitaciones económicas,
para mí es la mayor frustración por mi estado de vida,
sé que me amaste, que viviste dándome todo lo que yo te pedía,
que sacrificaste tu ser y hasta tu vida pusiste, en riesgo,
porque el que tuviéramos tanta familia fue mi irresponsabilidad,
que yo debí comprender todos los problemas para ti por esto,
que debí parar mi ansiedad e irresponsabilidad que no hice,
cuando debí hacerlo, hoy lo reconozco por todos los problemas en ti,
hoy comprendo tus sentimientos en mi contra,
sé que es muy tarde para hacerlo pero ¿Qué hago?
como podré conformar tu vida con mis inutilidades,
y que es ahora en estos años míos en que lo padezco,
por eso te pido tu consideración y ayuda,
ya sé que estas harta de mí por todo lo que te hice,
pero te pido perdón para no irnos de esta vida odiándonos.
Démonos la última oportunidad de vida.

Vuelve   04-11-21

En el umbral de mi vida buscándote estoy,
y con los pies descalzos recorro el camino en que huiste de mí,
y con la esperanza de que tu amor me deje volver a ti,
hoy las sombras de la oscuridad me persiguen,
aterrándome en esta soledad y con los pies heridos
aún te sigo buscando abierto aún a tus desprecios,
vuelve a mí, dulce corazón, mujer incomparable,
imagen sagrada de mis pensamientos,
yo te amo con todos mis deseos y mis sentimientos,
sé que la duda que por mi sufriste fué la llave de tu partida,
pero yo no te he traicionado, para mi tú lo eres todo,
no hay en mi corazón y mis pensamientos nadie de mi interés,
sólo tú que eres el alma que vino a salvar la mía,
vuelve, vuelve a mí que es poco el tiempo que te viviré,
estoy en las orillas de mi vida que no creo poder cruzar,
para conservarme para tí como son mis deseos,
tú sabes que las penas y males me han atacado,
y que poder vencerlas ya casi es un imposible para mí,
en este lugar en que me he quedado ya sin ti no puedo vivir,
ven vuelve a mí que será muy poco el tiempo que de mi tendrás,
vuelve si es que aún me amas,
porque si no vuelves caeré en el abismo del dolor y la muerte.

Déjame amarte   04-11-21

Cómo podré hacerte comprender mi vivir,
si tú sabes lo que es luchar en este mundo,
por eso yo quiero enamorarte para que no lo sepas más,
que puedas dejarme amarte con todos mis deseos,
y con todo mi amor por ti, que lucharé por demostrártelo,
que no cejaré de cubrirte de todo lo que necesites,
porque yo siempre he sabido lo que es vivir en este mundo,
tan difícil de vivir en él por tanta gente que tiene,
a mucha que no le interesa dañar la vida de otros,
yo deseo tanto protegerte a tí en nuestro amor,
que por más que intento convencerte pareces no escucharme,
vé cuánto te amo y cuánto deberé luchar por ti,
estoy dispuesto a todo por ti, con amor sin interés,
porque tu belleza es única y no creo que dudes de mí,
abre tu corazón y tu mente para entenderme,
que como te digo nada fácil es la vida sin amor,
sé que tu vida ha sido de todas formas no me fijaré en eso,
te amo, porque me impresionaste con tu personalidad,
todo en ti es amabilidad y decencia sincera,
y sé que un matrimonio debe basarse en la lucha por vivir,
que uno pueda amar con todas las fuerzas,
para no caer en la envidia y el arrepentimiento,
dame esa oportunidad que en tí busco por tu amor.

¿Vivir en desorden?   04-11-21

Deseo tanto concientizar mi actitud y mi vida,
porque cometer errores que lo puedan a uno dañar,
es tan fácil y lo pueden dañar a uno nuestra tranquilidad,
que es lo crítico, como vivir en este mundo cuando existen
tantos problemas, al salir a la calle a violar los reglamentos,
de transito y otros y claro uno puede ser parte de esos errores,
porque al mundo no le interesa si uno se pudre en la cárcel,
por eso trato de llevar una vida ordenada y sin tropiezos,
para no caer por lo que uno tenga que pagar por los errores,
por eso mi vida es y ha sido tan difícil por evitar errores,
porque todos los días me levanto con temores,
temores de equivocarme de lo que haya hecho en el pasado,
porque aunque no lo parezca los errores cometidos están,
y vivo esperando no recibir quejas o demandas,
sé que vivir no es fácil cuando no se es responsable,
y que uno debe siempre fijarse en todo y con cuidado,
que insisto es muy difícil vivir sin un orden,
porque lo desordenado se paga y a veces a un precio muy alto,
por eso me insisto a mí mismo ya no cometer errores,
porque ni dinero, tiempo, ni salud tengo,
y podría decir que por vivir a veces desordenadamente me paso.

Recuerdos con música   04-11-21

Mi mente se inunda de grandes recuerdos,
cada melodía trae a mi mente los lugares en que estuve,
los momentos inolvidables de mi niñez y mi juventud,
y en esos recuerdos con mis Abuelos paternos o mi Madre
cantando canciones Mexicanas como Bésame mucho,
y la música clásica que mi Abuela paterna tocaba ya fuera
en el piano, arpa, violín, mandolina, salterio,
por eso adoro sentarme a escuchar esa música porque a mi
mente trae escenas como si fuera una película de esos inolvidables
recuerdos, como también el caminar por Morelia, México D.F.
Veracruz, Monterrey, todo viene a mi mente como película
recuerdos inolvidables de mi vida de Cadete viajando por los mares
los Estados Unidos, Centro América, México en sus mares y puertos,
desfiles, y mi noviazgo con mi adorada esposa y que todos
esos me suenan en vivo con las melodías y cuando mis hijas nacieron
el recordar sus llantos, sonrisas, juegos, mi dedicación a ellas,
y cuando a las Escuelas las llevaba oyendo música en el carro,
cómo no traer ahora esos recuerdos también de los vividos en Los Angeles,
cada día, mes, año todos los recuerdos brotan en mi mente,
especialmente los últimos en que los viajes, las fiestas de cumpleaños,
tantos recuerdos que hoy sí\ deseo tanto revivirlos escuchando música,
para transportarme a esos maravilloso tiempos.

Amarte y cantarte   04-11-21

Hoy te canto esta canción
¡Oh princesa de mis sueños! Dáme tu amor,
que yo río y te amo por tu gran amor,
que si tú me das tu vida, todo, todo será amor,
piensa, piensa que aquí el más enamorado de ti,
que tus ojos y tus labios s mi pasión,
que yo estoy convencido de amarte, besarte y adorarte,
hasta la muerte porque tú eres lo más hermoso de paraíso,
para vivir, que contigo es y será felicidad,
besarte es amarte con intensidad lo que mi corazón te ofrece,
piensa, piensa como yo y en el amor como lo hago yo,
y será llegar al fondo de tus sentimientos gloriosos,
que hoy amarte y cantarte es mi mayor ilusión,
tú y solo tú es a quien amaré con todo mi fervor y que así rezo
a Dios porque me correspondas a este gran amor por ti,
que nadie te profesará algo así como lo siento yo,
porque te amo en la alegría o la tristeza,
¡oh hermosa mujer! escúchame cantarte, cuánto te amo,
y cuánto doy mi vida por ti, porque yo quiero seguirte amando
hasta la eternidad, porque yo sé que Dios nos puso en el mismo camino
para entregarte mi ser y mi alma, ámame, ámame con la intensidad con que
yo te amo, porque para mí nadie es como tú.

Mi vida complicada   04-11-21

Mi vida parece ya un martirio,
las deudas, la ansiedad, el desamor, los reproches,
la frialdad de sentimientos, los dolores físicos,
la falta de motivación, tantos problemas como la incapacidad
para trabajar pensar en tantas cosas desagradables,
por lo que hoy debo preguntarme lo siguiente,
¿ Acaso son estos problemas los que te inducen a la muerte? Y claro mi
respuesta es, que más quisiera decir sí,
pero aún tengo la fortaleza para seguir enfrentando los males,
sé que a las enfermedades ya es muy difícil vencerlas,
el desamor sé también que me lo gané pero hay formas de
retornar el amor, si no todo en su fuerza, sí en el deseo de ambos,
retornar el amor con flores, palabras, fiestas, salidas a pasear,
la ansiedad controlarla con un poco de música y trabajo doméstico,
los dolores físicos también se pueden controlar,
motivarme es claro que yo debo buscar el cómo hacerlo,
ya que hay tantas alegrías en esta vida que no queremos reconocer,
hay muchas cosas que se pueden dejar de pensar negativamente,
y sí buscar respuestas para alegrarnos la vida, la vida las tiene,
el pensar en los fracasos, la muerte, las enfermedades, la miseria,
puede reconsiderarse como una cobardía a vencer,
y si en la juventud se luchó, hoy la alegría de lo vivido bien
me debe alegrar de todo y por todo.

Mi jardín

05-11-21

Me lavo el alma de mis amarguras,
con el esplendor de las flores del jardín,
tan hermosas que destruyen todas mis malas imágenes,
creando los parques de flores que es como el paraíso,
y todas mis angustias se desvanecen viéndolas,
no hay dolor en mi corazón cuando me lleno de sus aromas,
rosas, gardenias, claveles, camelias, alcatraces,
las flores son como una medicina para acabar la tristeza,
porque me inspiran tanto por lo que ellas pasan para florecer,
y es eso lo que hoy me dictan para mí las flores,
como las más profunda inspiración unida a la música,
¿Qué amargura o tristeza puede haber en mí?
Con tanta belleza inspiradora con la hermosura de las flores,
que al igual con la belleza de las mujeres,
que nos inspiran tanto para sobrevivir y amarlas,
por eso mi enamoramiento a mi mujer es tan profundo,
porque con la belleza de ella las flores se adornan,
y con la de mi mujer venzo todas las amarguras,
y me lleno de impulsos para vencer los agravios de la vida,
y la miseria al abrir los ojos al positivismo,
renace en mí para vencer todo lo malo de mi vida.

La vacunación

05-11-21

Veo que mis oraciones me ayudan a vencer el pesimismo,
ése que nos ha provocado esta Pandemia,
y mi mayor pendiente es el contagio entre nosotros,
pero el que más me atemoriza es el de mis hijas, nietos y biznieto,
cómo no querer hacer todo lo que se pueda para evitar contagios,
porque no es justo dejar a la irresponsabilidad los contagios,
por eso a mí me impulsa a buscar lo que sea para no descuidarlos,
ya hoy no hay disculpas para evitar los contagios,
escuchar y ver que una parte de Policías, Soldados, Bomberos y civiles
se niegan a vacunarse sabiendo que si contagian a sus familiares,
algunos podrán morir, por eso pienso que cuando eso pase por culpa
de ellos se les debería juzgar en base a su irresponsabilidad por lo
que yo diría que se les debería juzgar criminalmente por su estupidez,
hemos visto como millones se han salvado por las vacunas,
y los que no quieren vacunarse están cometiendo un suicidio o crimen,
porque cómo se puede aceptar la muerte de millones por la negligencia
de unos Policías, Soldados, Bomberos y más sus familiares que se contagiaron,
qué triste es ver el fanatismo, yo por eso evito a toda costa los contagios,
y toda posibilidad de evitar esta epidemia lo hare sin ninguna restricción,
porque primero es la vida de los demás.

Mi vida en la miseria   06-11-21

Cuál será la llave para encontrar la solución a mis problemas,
invertir en juegos de azar y no ganar nada,
y haberlo hecho por años, estudiando todas las posibilidades,
y no ganar nada, por más que lo intento en cada juego,
¿Qué se debe pensar o hacer para dejar de tener esa ilusión?
Serán acaso los que manejan esos juegos de azar,
para que uno invierta y lo pierda todo,
por más juegos de números es tan difícil ganar algo,
porque nada pasa, todo es perder y perder lo que se juega,
por eso me pregunto en quién podré confiar,
porque veo que premios grandes se logran en pequeños pueblos,
lejanos de las grandes ciudades donde miles intentamos y nada pasa,
cuál será mi destino cuando ya no puedo trabajar y ganar dinero
para solucionar mis problemas económicos,
dejé también mi vicio de fumar por esos juegos, pero ni así lo logré,
pero me siento que no podré salir de esta miseria,
nada logro y todo lo que me pasa me parece a propósito,
siempre para ser un perdedor, agregar más decepciones a mi vida,
y no encontrar una forma para solucionar mis problemas,
por eso me inclino que ni las oraciones me ayuden,
y lo único en mí será el conformismo.

¿Un buen Padre?   06-11-21

¿Que quiere decir ser un buen Padre?,
cuando uno tiene que enfrentar un mundo cruel y despiadado,
cómo lograrlo si uno apenas gana salarios que no alcanzan
para dar a la familia esa vida de comodidades y satisfacciones,
donde no alcanza el dinero ni para darles el alimento necesario,
o la vida saludable por no tener los medios ante la carestía del
sistema Médico y hasta el medicinal,
¿Qué hacer si uno no encuentra soluciones para todo eso?,
y aunque la vida no se puede detener, la vida de comodidades y
alimentos sí, para tener que darles las comidas de la pobreza,
y claro los problemas físicos se presentan por la mala alimentación,
y aunque los primeros hijos por la edad ellos comienzan a lograr
trabajar y de esa manera empiezan a ayudar un poco,
y con el empeño y la dedicación alcanzar a realizar ser profesionistas,
que podría ayudar a tener una vida mejor que la de los padres,
que también no pudieron darles la vida que se merecían,
cómo pagar como padre, si no se cumplió ese papel,
cuando se es un pobre empleado que a veces ni futuro tiene,
y que por lo mismo hasta la vida pierden,
por eso es la pregunta ¿Seguirás siendo lo mismo?,
porque traer tantos hijos al mundo cuando no se tienen ni los
recursos ni una profesión para lograr un buen patrimonio es un error,
y por supuesto uno como padre tiene que buscar
el mejor papel de Padre.

Acapulco con mis Princesas   06-11-21

Cuando canto viendo las estrellas,
mi mente baila al sonido de mis cantos,
y mi ser se llena de grandes emociones contigo,
porque los sueños se han hecho una realidad,
y nuestras bebés gritan, ríen, corren felices,
al paraíso donde las hemos traído para su alegría,
dejando atrás las sombras de nuestras vidas,
y que después de estos paseos iremos a las orillas del mar,
a gozar de las caricias de las olas del mar,
gozando también de sus enormes olas,
ésas que con sus ruidos nos producen melodías de amor,
y nosotros disfrutando con nuestras princesas,
sí de toda la alegría que en sus rostros se refleja,
y con tus sonrisas también, mi emoción de verlas es enorme,
y lleno de grandes riquezas que son sus gritos y risas,
cómo no agradecer al cielo y a tí por lo que ellas son para nosotros,
canto, bailo y grito de alegría y ensoñación por ustedes,
¡Oh Dios! No nos lleves a otros sitios tristes,
Que pronto iremos al campo y las montañas,
ahí donde tanto les gusta a nuestras princesas ir,
porque ahí los paseos y diversiones son hechizantes,
en la mayor alegría de sus vidas,
y lloro al ver esas caritas hermosas.

Vero   06-11-21

La música refleja el dolor tan grande que hoy siento
por tu partida de este mundo ¡oh hija adorada!,
tú que nos llenaste de ilusiones y esperanzas,
porque eran tus sueños de grandezas y logros,
¡Oh Cuántas lágrimas! He de derramar con tu partida,
sé que quizás en el cielo tu vida sea la del Angel que tú eras aquí,
y sé también que de alguna forma nos ayudas
en la realización de tus hermanas porque estas en el cielo,
y en cuanto a nosotros cuidas de nuestra salud,
pero si comprendes cuánto dolor siento con tu ausencia,
que podré hacer que ya nada te remplaza en mi pensar,
sólo es el dolor de haberte visto partir de esta vida,
y mis lágrimas no dejan de derramarse por ti,
al cielo ruego por un poco de confort a mi ser,
que ya me es imposible no pensar en ti,
recordarte cada día desde que naciste,
hoy no encuentro ya nada a donde ir para verte,
se que en tus hermanas tengo algo de o mucho de confort,
porque también me debo a ellas por haberlas traído al mundo,
a esta vida tan dura y dolorosa pero que tiene algo de simpatía,
porque ellas han podido lograr ir logrando sus metas,
ruego al cielo porque me escuches para saber de tí,
que siempre te amaré por ser mi hija y hasta la eternidad lo haré.

¿El mito de las vacunas?   06-11-21

Corre, corre, que las prisas no te acabarán,
piensa en todo lo que podrás salvar,
mira que la muerte nos persigue con toda su fuerza,
y tú como yo tenemos tantas ilusiones en la vida,
por eso te invito a que lo hagamos,
ven, corre, la vacuna que nos salvará esta allá,
quizás como yo tengas tus dudas pero piensa,
la vacuna de una u otra forma le ha salvado la vida
a millones por todo el mundo,
piensa en todas las enfermedades mortales que mataron a millones
y por todo el mundo, piensa en todas las enfermedades mortales
que mataron también a millones durante miles de años,
y que gracias a la tecnología y la ciencia ahora esto ya no pasa,
en pocos años se desaparecieron tantas epidemias,
no debemos dudar de algo tan científicamente en contra de morirse,
porque si hoy se miente al decir que es una forma de hacer dinero
tanto Laboratorios como los Hospitales,
entonces piensa, cómo fué posible que en los años de 1700, una persona
inventara una vacuna para combatir la viruela negra,
vamos, vamos, corre con tu mente limpia, que esta vacuna no te matará
como lo puede hacer el virus del Coronavirus,
mira cómo han muerto millones por el virus,
y hasta la familia no puede despedirse de su familiar que murió,
y que quedaron en el peligro del contagio,
ven, ven, no te intimides VACUNEMONOS YA.

El Padre que soy   06-11-21

Hoy he recibido un golpe muy fuerte,
un amigo que me reparaba mi carro murió,
murió por causa de un infarto, siendo más joven que yo,
pero me dijeron que su corazón ya no aguanto más
la pérdida de su hijo de hace unos meses,
y hoy que supe me hizo pensar una vez más en ti hija mía,
y ver que como él la pérdida de un hijo lo puede matar a uno,
y yo sé que hasta ahorita sólo mis pensamientos están en ti,
que sé cómo puede doler la pérdida de un hijo,
que es tan doloroso que se hace muy duro de aceptar,
porque fue toda una vida la que se nos perdió,
que estuvo llena de tantos acontecimientos,
que hoy veo lo dolorosa que es porque ya no estás tú,
que nuestras vidas han quedado marcadas por tu partida,
para nunca dejar esta tristeza y amargura por ti,
yo no he encontrado una verdadera forma de resignación,
hoy me hundo en esta etapa de mi vida,
porque hoy veo que se sufre demasiado por la pérdida de un
amigo, un familiar y que lo más doloroso la de los hijos,
entiéndeme que este sufrimiento no acabará,
y que al pendiente estoy por los que amo tanto,
evitar al máximo los riesgos mortales de su salud,
ya no creo soportar otra pérdida como la de ella.

¿Amar o cumplir solamente? 06-11-21

¿Cómo pensar en amar si he recibido tanta indiferencia?
pensar en todo momento en esa mujer,
que siempre te demuestra no tomarte en cuenta,
cuando has visto que en el amor la dedicación de ambos es única,
que por eso no lo entiendo ya que yo he puesto todo de mí,
y hoy me siento tan desconcertado porque siempre fue igual,
que sin embargo parece que me ha entregado su vida,
pero que parece que ha sido sin amor o dedicación perfecta,
que hoy quisiera retornar al pasado para aclarar mi vida,
ya que no veo que haya una solución a esa frialdad,
porque para mí amar es entrega total y siempre estar juntos,
que en todo lo que se piense o se deseé sea de los dos,
porque el amor no puede ser el de uno nada más mientras que
para el otro sea sólo cumplir,
y convivir sin ninguna muestra de que se ama,
que por eso estos pensamientos míos me hacen dudar tanto,
para decir que solo yo la amo y que ella solo cumple en todo,
que claro en esos pasajes de tanto placer no me puedo quejar,
que son los que me hacen dedicar mi vida por completo a ella,
porque no puedo desear algo más hermoso que sus entregas,
que sí serán hasta la muerte mía, nada de reproches habrá más,
siempre me dedicaré a hacerla feliz aunque no me demuestre amarme.

¿Perder la memoria?   06-11-21

¿Dónde estoy que no me puedo ubicar?
son tantas mis dudas que veo paisajes tan hermosos,
pero que no puedo reconocer lugares de playas,
ciudades, montañas plantíos y tantos lugares,
que siento reconocer un poco, pero no como debo,
que debo haber estado ahí, que quizás sea la pérdida
de la memoria por la edad, que son sufrimientos muy fuertes,
que no se pueden ya aceptar por el amor que se tiene a uno mismo,
que las dudas deben desaparecer de uno,
porque la vida que uno ha vivido ha sido grandiosa,
que no es posible vivir el futuro en la niebla de la memoria,
por todo lo que uno ha amado como la esposa, hijos, familiares,
que se sabe que estos trastornos son el comienzo,
del Alzheimer, una enfermedad muy dolorosa para la familia,
porque hay que encerrarlo a uno en un Hospital,
donde todo se perderá y se actuara como un zombie,
sin reconocer nada, permitiendo que a uno lo dirijan en todo,
hasta en lo que uno come y todas las necesidades humanas,
por eso hoy siento tanto temor, por esa pérdida de la memoria,
porque no es fácil el vivir y hoy debo buscar cualquier medicina
o remedio natural para evitarlo porque sé que los hay,
no querer ser una víctima más de esa enfermedad.

Maratón

07-11-21

Después de ver el Maratón de Los Angeles Ca,
y ver el esfuerzo que hacen los corredores por llegar
a la Meta me impresiono por ese gran empeño de llegar a ella,
empezar a ver cómo llegan en primer lugar Hombres y Mujeres,
realmente es asombroso porque recorrieron 23 millas,
y ver la alegría que expresan por lo que lograron,
y a mí me hacen recordar a mis princesas que como con su
dedicación lograron mucho como mi dos hijas pequeñas
lograron llegar a tocar la flauta y el saxofón haciéndolo en
los desfiles escolares y en su Escuela,
como las mayores que poco a poco se destacaron
una la mayor logrando su carrera en Psicología, la segunda
en su carrera de Arquitectura y la tercera su carrera en Sociología,
esfuerzos muy grandes porque tuvieron que vivir en la Universidad,
y las cinco porque las dos pequeñas también lograron sus careras,
una en la Universidad en Historia y Astronomía y la más pequeña
también en la Universidad graduándose en los Estudios de la Mujer,
y todo hoy con esas carreras pareciera Maratón por los años
de estudios y lo hermoso para nosotros como Padres fué el llegar
a sus Metas Graduándose.

La violencia callejera   07-11-21

Yo no dejo de pensar en lo difícil y peligroso de vivir
en este mundo, con crímenes, robos, violaciones,
pero lo más crítico para mí es no poder convencer a los míos,
de ese peligro que ha matado tantos los ha dejado incapacitados,
¿Creer que se puede pasear y divertirse?
Y que se ignoren todos esos peligros como el del último concierto,
que se llevó a cabo en Texas donde murieron 8 espectadores,
y a la vez dejando montón de heridos todo por ir a divertirse a un concierto,
porque se aglomeraron 50 mil personas y se generó el disturbio
por la música y el baile que todos hicieron, creando esas desgracias,
que muchos dudan que pasen, para mí es ver hasta pobres trabajadores
son asaltados y asesinados o golpeados y que uno no tiene libertad
de portar armas para defenderse y que considero muy justo el no
permitirlo, pero qué hacer contra toda esa gente criminal,
ver como hasta en medios de transporte los delincuentes roban
a los pasajeros todo y nadie puede defenderse porque son o pueden
ser asesinados, lo crítico es eso cómo convencer a todos de ese peligro,
peligro hasta de manejar en las calles donde también brota la violencia
vehicular, ver que hasta niños han matado por esa violencia con armas,
disparando a otros automovilistas y los niños han recibido las balas,
triste y difícil es para mí salir a divertirnos.

Mi manera violenta de ser 07-11-21

¡Oh dulce y bendecido amor! acaba con tus rencores hacia mí,
vé cuanta felicidad, emoción y pasión me da tu amor,
ya no encuentro palabras, hechos o formas de convencerte,
yo no te odio ni nunca fue mi intención de herirte,
que el amor, la pasión y el deseo brotó en mi por ti al conocerte,
que ahora acepto que yo no fuí lo que tú esperabas,
pero compréndeme yo vengo de un mundo de malditos,
que a mí me hicieron volverme violento y agresivo,
sí, contra quienes quisieran robarme, humillarme y tantos daños,
que por su soberbia aprendí a no dejarme agredir,
y yo aprendí a defenderme con todo lo que pudiera,
y que principalmente no confiara en nadie,
porque todos sólo quieren burlarse de los demás,
que sí en mi niñez y adolescencia tuve que pelear,
también aprendí a boxear y defensa personal,
porque desde niño veía como los mayores nos humillaban
maltratándonos burlándose de uno y éramos solo unos niños,
que ahora de adulto veo que pocas mujeres hacen esos maltratos,
que por eso trato de no salir a pregonar o recibir la violencia,
pero que los robos y los crímenes son muy difíciles de evitar,
por eso te pido amémonos fuertemente y comprende como
soy para vivir en este mundo agresivo y que se burlan de uno.

Mi música y mis poemas   07-11-21

Escuchar música encerrado no creo sea divertido para todos,
pero por todo lo que te amo yo quiero escuchar,
para ver si con el ritmo de la música quieres bailar conmigo,
sé que tú no le encuentras ninguna diversión el hacerlo,
pero yo te amo y lo he hecho siempre por mi gusto por la música
y la poesía y claro no soy un músico ni un poeta,
pero deseo tanto vivir a tu lado amándonos
y viviendo en la alegría y armonía que nos da la música y la poesía,
quiero poder escribirte versos y poemas para que veas cuanto te amo,
y lo feliz que me hace vivir a tu lado,
que el sol y la luna armonicen con tu felicidad,
que cada día no sean los sentimientos de sufrimiento los que tengas,
deja que las flores, los trinos de los pájaros, la brisa,
todo lo que pueda ayudarte a vivir felizmente,
que tu vales mucho y que a Dios le ruego que te haga amarme
sin corajes ni rencores,
porque busco tantas palabras que te hagan perdonarme,
sí, por todo el mal que te haya hecho porque fui un estúpido,
al no entender que lo que te daba o te hacía era malo,
mi forma de ser quizás estuvo enredada con mi mal carácter,
sin pensar que para ti eso era violencia lo que te hacía,
y no pasión ni amor como yo lo creía,
por todo el cielo y la tierra imploro tu perdón,
y te ruego de rodillas en el suelo perdón, perdón.

El cielo esplendoroso

07-11-21

Mira, mira, cuánta luz y hermosura hay en el cielo,
ese que hoy cobija nuestro vivir,
aprovechemos nuestro despertar en esta belleza,
salgamos a correr o bailar, cantar, amarnos,
sí, amarnos con toda intensidad con este cielo de hoy,
cobijémonos con nuestro amor y dulzura,
para que al comienzo de este nuevo día nos amemos,
como lo hemos hecho durante tanto tiempo,
que así como tú, que después de una amargura reaccionas,
reaccionas al amor y la alegría, que yo por eso te amo,
que la dicha de amarte está en cada día,
sin importarme si hay tormentas o un cielo como el de hoy,
porque cada amanecer para mí es un nuevo día para hacerte feliz,
que debo apoyarme en las manos de Dios,
y en la felicidad necesaria que el cielo me pide para tí,
porque tú me das amor y no quejas ni reproches,
que si mi vida te pertenece porque así te la ofrecí,
amarte, respetarte, fidelidad, trabajar para darte todo,
todo lo que tus necesidades requirieran,
que es así como aprendí lo que de mi requerías,
que los túneles del odio, el desamor, la irresponsabilidad
la infidelidad, nada debía yo ni siquiera saber donde estaban.

La naturaleza   07-11-21

Un nuevo camino en este nuevo día es para mí,
es lo que más deseo al saber de esos ríos, cascadas,
bosques y tantos paisajes y mi ansiedad crece,
pero yo no deseo frustrarme por mis incapacidades,
deseo salir corriendo a buscarlos para revivir,
sí, todos esos lugares en que la vida crece cada día,
que por las noches el cielo, estrellas o tormentas,
siempre ayudan a renovarse cada día,
y que muchas veces crecen más extensos,
que los ríos y cascadas pueden ayudar a las sequías,
para evitar los incendios forestales y el sufrimiento de la gente,
por eso deseo tanto correr, caminar a esos lugares,
para contemplar esos lugares creados por Dios y la Naturaleza,
y es de entenderse que debido a la rotación de la tierra,
todo puede afectarse, que por eso debemos cuidar todos
esos centros de vida de la naturaleza,
porque hasta los animales son los que más los disfrutan,
y que en esos ríos son de donde los animales se alimentan,
porque en ellos encuentran alimento y agua para su vivir,
que claro es lo que a mí me atrae para conocer como son,
cómo es la reforestación y la reproducción de los animales,
todo, todo debe ser una fuente de estudios para la humanidad
y de trabajo para su conservación y reproducción,
porque insisto son la fuente que nos dan nuestro vivir,
para conservar este mundo y su naturaleza.

Sueños imposibles   08-11-21

Cómo vivir sin sueños imposibles,
porque siempre se desean tantas cosas,
y por más que busco no encuentro ¡el cómo!
porque nada me ayuda ahora que vivo con tantos sueños,
como es el del amor sincero y real,
o tener una casa con todas las comodidades,
poder tener una buena salud,
tener el dinero para viajar por el mundo,
tener el dinero para comprar un automóvil nuevo,
tener dinero ahorrado para cuando me retire,
tener el dinero suficiente para cumplirle todos los deseos
y gustos a quien amo tanto,
como poder comprar cuanta película nos entretenga,
tener el dinero para pagar todos los servicios necesarios,
por eso es mi rezar, para desechar de mi mente esos sueños,
primero porque ya estoy muy viejo,
tengo enfermedades como diabetes,
una hernia en la columna, tuve cáncer de colon,
y ahora vivo con las consecuencias,
lo que quiere decir, que mis sueños de
viajar? No
comer de todo? No
trabajar? No
tener dinero? No
tener una mejor casa? No, no se tiene el dinero,
tener dinero ahorrado? No, no se hizo ahorros
comprarles todo? No
o sea que ni para que soñar si todos son sueños ya imposibles.

¿Un Paraíso terrenal?   08-11-21

¿Cómo y dónde podré encontrar el paraíso terrenal?
Cuando he buscado en los campos y el mar,
y siempre encuentro solo peligros para la humanidad,
y veo que el peligro para uno es la violencia de los animales,
o los zancudos o mosquitos, abejas y tantos animales
voladores que producen enfermedades mortales,
y es por eso que me pregunto,
¿De dónde sé que puede existir un paraíso terrenal?,
Por lo que yo mismo me hago la idea,
de que ese paraíso que soñamos encontrar somos nosotros
los que lo debemos construir para nosotros,
sí con todas las comodidades y la buena sanidad con todo,
todo, para que se pueda interpretar
como el paraíso que tanto deseamos tener,
que sólo será para mí y los familiares míos,
que deberé construirlo aislado de todo peligro,
tanto de animales peligrosos, como de humanos también,
porque el egoísmo y la envidia son los principales peligros,
porque no faltará quien se atreva a perjudicarnos,
ya sea invadiéndonos, robándonos o hasta matándolo a uno,
por eso siento que también el lugar donde se construya,
también deberá ser un lugar seguro contra todo,
terremotos, inundaciones, volcanes todo lo que pueda
destruir nuestro paraíso,
por eso se debe pensar en un hogar sano tranquilo sin
muchas riquezas pero sí muy seguro de todo.

Discriminado   08-11-21

Siempre criticado y discriminado viví,
¿El porqué? Es tan difícil de explicar y de rechazar,
Primero nacer como Español que era la madre de mi padre,
pero que él tenía más herencia de los zapotecas de Oaxaca,
por su padre y que se volvieron mis más fuertes motivos para
ser rechazado por mi padre,
y conforme crecí y en especial en Morelia y la Ciudad de México
donde fue más fuerte la discriminación,
y conforme fuí desarrollándome mi vida se marcó en la
discriminación racial y sobre todo en las Escuelas Primarias,
la secundaria y Preparatoria, al igual al haber entrado a la
H. Escuela Naval Militar que fué otra de mis grandes discriminaciones,
porque ahí fue peor la discriminación que me hicieron,
pero sería mi mal carácter o no pero en mis empleos sí no me
querían, se me respetaba y hasta Gerencia logré en GE de Mex.
y otros más importantes empleos,
pero lo más absurdo fue aquí en Los Angeles donde he padecido
de esas discriminaciones, y aunque fui un técnico Electricista en
Locomotoras en AMTRAK hasta que me dañe y me incapacitaron
y me jubilaron para vivir sin poder volver a trabajar.

Navegar

Sobre las olas navego en mis ilusiones,
porque el navegar siempre ha sido mi mayor deseo,
porque de esa manera puedo conocer el mundo,
viajar para encontrar grandes aventuras,
navegando y escuchando los mejores conciertos musicales,
navegando y encontrando tanto que ver y conocer,
pero que debo pensar en cómo hacerlo,
porque es fácil imaginar tantas cosas,
pero la realidad en que se vive es muy difícil,
dentro de esa realidad está el principal peligro,
¡El dinero! Sin él a dónde se puede viajar,
Si todo es caro y complicado,
que fue una gran experiencia el navegar en esos viajes de
prácticas de la H. Escuela Naval Militar pero que no
pude continuar en la Escuela, y es pensar que ya no podré
volver a hacer esos maravillosos viajes,
porque recordar los lugares que recorríamos es tan grandioso
e interesante, que ahora no hay forma de hacerlos,
que la impotencia por el dinero y con las responsabilidades
es la principal causa de sólo soñar con esos viajes,
que bien sé lo imposible que son.

¡OH reina!

08-11-21

¡Oh reina de mis sueños!,
qué grande fue el amor que me diste,
que con tus ojos y tus sonrisas me lo confirmabas,
que en medio de los días y las noches que me diste,
hoy no encuentro cómo llegar a tu corazón porque
nadie me ha amado como tú lo hiciste,
que pusiste todas tus ilusiones y sueños en mí,
que hiciste cambiar todo en mi vida,
que me amaste y me entregaste todo como nadie,
que en esos momentos mis ideas crecieron
por llegar a tener tu amor por siempre y nunca dejarte ir,
que las noches y los días fueron hechizantes,
que hoy no puedo vivir ya sin tu amor,
que recorrer tantos lugares recibiendo tu amor,
nada, nada puede compararse en esos viajes contigo,
siempre tan amorosa y tierna que me das lo mejor de ti,
y que en tí empecé a fincar todos mis sueños,
que agarrados de las manos me juraste tanto amor,
que a través de esos días grabaste en mi corazón,
todos esos sueños que del amor habías tenido,
y que en mí encontraste la forma de hacerlos una realidad,
que por eso me juraste amarme para toda tu vida,
y hoy que la vida la he vivido con tu amor,
a Dios le doy infinitas gracias por haberte cruzado en mi vida
y para siempre nos amaremos.

Tu amor tan fuerte   08-11-21

Besar hoy tus labios es abrir las puertas de la gloria,
nadie como tú me ha dado tantas palabras de amor,
que para toda tu vida quieres entregármela a mí,
que quieres que sea día y noche para mí,
y ante la vida tan triste que tuve,
contigo no habrá otro amor como tú para mí,
todo, todo es tan esplendoroso porque cuando tu labios toco,
las puertas del amor se abren para mí con toda libertad,
que en tus ojos veré que todo comenzará para que no haya otro
amor como tú, que las campanas suenan cuando tus labios me entregas,
que por eso no debo dudar porque nadie me ofrecerá una vida de amor,
como hoy tú la has puesto para mí,
que no me exiges nada por poner tu amor sobre el mío,
que he de ver cuánta dicha me entregarás,
sí con ese gran amor inconfundible que me das,
que puedo ver por todas partes del mundo,
y veré cuanta sinceridad hay en ti,
que veré que tus promesas de amor son reales,
que dispuesta estás a entregarme todo tu amor y pasión,
que yo nunca podré arrepentirme de tu entrega y tu amor,
que tú por eso me pides amarte por siempre,
que no habrá falsedades porque es mía tu vida.

¿Me darás tu corazón?

08-11-21

¡Oh corazón romántico voltea y escucha!
déjame leerte o decirte mis poemas de amor y vida,
mira que me han brotado del cielo por la belleza de tu alma,
ya no puedo esconderlos porque sé que son tuyos,
el amor que profesas es intenso y dulce,
tus ojos se asombran de estas palabras,
pero eres tú la que se ha ganado el gran premio,
porque sabes amar como nadie,
siempre cantas expresando tu alegría,
y es eso lo que hoy me ha hecho crear estas palabras,
porque ante tu gran belleza yo me enamore de ti.
y hoy he venido a rogarte hincado por tu amor,
porque como te digo nadie me ha impresionado como tú,
y has provocado que mi vida cambie por ti,
porque hoy veo la hermosa mujer que eres,
permite a este ser que se ha enamorado de ti,
expresarte cuánto te amo y lo que deseo de ti,
estas palabras son las más importantes mías,
sí, porque me he enamorado de ti como con nadie,
quiero prometerme a mí mismo llevarte ante Dios,
para pedirte con amor que te unas a mí,
porque por este amor que hoy siento por ti,
y que es el unirme en matrimonio a ti,
y que ya no podré hacer mi vida si no es contigo.

Las vacunas y las protestas   08-11-21

Cómo debo aceptar lo que la gente protesta,
principalmente sobre las vacunas del coronavirus,
en lo personal yo ya me puse las 3 vacunas,
y sin sentir efectos secundarios, yo pregunto,
¿Cuál es la gran queja de esa gente que protesta contra las vacunas?
He visto muchos reportes de gente que no quisieron vacunarse,
y que por eso algunos cayeron contagiados en los Hospitales,
y muchos no lograron sobrevivir lamentablemente,
y por eso cuando he visto a gente que pudieron salvarse,
y que se expresan de su arrepentimiento de no querer vacunarse
y ahora pregonan para que toda la gente lo haga,
por eso yo me inclino por pedir que la gente se vacune,
que no he sabido de gente que le haya hecho mucho daño,
yo me inclino a que la gente antes de protestar por la vacunas,
que vean y busquen los resultados de gente que se ha vacunado,
principalmente vean como tantas epidemias con las vacunas
han dejado de padecer esas epidemias como la varicela, la viruela negra,
el sarampión, la poliomielitis, tantas que primero deben informarse de esos
avances tecnológicos que ha salvado miles de vidas,
y ahora he escuchado que los Hospitales van empezar a cobrarle a los pacientes
que no se hayan vacunado los servicios que se les den por el COVID
          VACUNEMONOS

¿Me amas a mí?   09-11-21

Qué triste es para mí cada día,
porque hambriento estoy por tu amor,
y veo que a tí no te remueve tu corazón mi pesar,
y que por más que busco la forma de convencerte,
nada pasa y mi tristeza aumenta cada día,
porque mi pasión por ti ha aumentado por esa indiferencia,
no encuentro cómo llamar tu atención por mi amor,
de nadie me había enamorado tan intensamente como de ti,
y fueron tus bailes y paseos en que abriste tu corazón a mí,
y por más que busco el porqué lo hiciste,
sí, ahora veo que no querías mi amor ni mi atención,
que tu fin podría ser otro el que buscabas,
que pienso que a mí me usaste para practicar,
porque quizás amas a alguien más,
y conmigo posiblemente practicaste cómo provocar mi amor,
pero a mí si lo abriste para que solo a ti vea,
que hoy que continuamente me ignoras,
no dejo de llevarte flores, serenatas, regalos,
pero nada pasa y el dolor que en mi provocas,
me está haciendo sufrir demasiado,
por eso te ruego, voltea a mí y respóndeme,
si me puedes amar o me odias pero díme cuál de las dos es,
no me dejes seguir en esta incertidumbre.

La música y el COVID   09-11-21

¿Cómo aislarme de las maravillas de la vida?
difícil es por ejemplo dejar de escuchar música,
porque ella me transporta a las grandes escenas de mi vida,
al amor apasionado y sensual que imparable fue,
o a las escenas familiares de cenas, comidas,
o esas fiestas de navidad, cumpleaños o aniversarios,
graduaciones que nos reunía a todos,
y que la música nos entretenía hasta bailar,
la música que nos hacía declarar nuestro amor,
o a veces nuestros rencores o pleitos ya que con los sonidos
de la música salían los perdones de nuestros corazones,
fiestas que grabaron tanto en uno con amor y alegría,
llanto por los recuerdos que brotaban en uno,
por eso sentado contemplando la luna y las estrellas estoy,
ellas y yo nos ponemos a recordar y soñar que ahí estamos en esos
bellos momentos de nuestras vidas,
por lo que en estos días también lloramos,
porque este encierro por la Pandemia lloramos más y más fuerte
por todos esos que se han ido o que nos avisan diariamente de
familiares, amigos y extraños que se han ido en el sufrimiento de
este virus COVID, por lo que imploro soluciones al problema
y volvamos a escuchar música, todos llenos de alegría por el mundial
alivio del virus que esperamos sea muy pronto.

¿Dudas?

09-11-21

¿Qué puedo hacer con tus desaires y rencores?
¿Cómo hacerte ver que nunca fue mi intención el
Llenarte de tantos odios y rencores hacia mí?
que siempre fui un ser dedicado a amarte y respetarte,
que hoy no entiendo porqué esa frialdad tuya hacia mí,
me haces dudar de seguir unidos por siempre,
y hoy trato de sacar todos tus rencores a la luz,
pero nada quieres decirme y eso me trae tantas dudas,
porque el no saber qué es lo que de mí quieres,
me está deprimiendo fuertemente y dudo de ti,
ya no sé qué hacer por lo que te imploro me digas,
dime todo lo que te hace odiarme tanto,
comprende que yo siempre te he amado,
y que si hoy me pides tu separación de mí,
sé que tendré que hacerlo porque vivir en esta incertidumbre,
es pensar que tú ya tienes un nuevo amor,
con el que probablemente te has ilusionado para dejarme e
irte con él, tantas desgracias se me están formando en mi mente,
trata de pensar que en el amor por tí encontré lo más maravilloso
de él y que éso es hoy mi gran temor el que tú te entregues a otro,
como conmigo lo hiciste, grabando en mi corazón el amor tan
apasionado y enorme que me entregaste,
que hoy siento envidia, coraje y dolor por mis dudas,
abre tu mente y díme cuál es tu rencor y odio hacia mí.

Mi deseo de vivir   09-11-21

¿Será posible escapar de la vida?
Sin pensar en el suicidio o el descuidar la salud,
porque la vida tiene tantos misterios,
que el descubrirlos me impulsa a gozar los buenos
y desechar los malos que son los que me pueden matar,
hoy que viajo en mi mente por tantos caminos,
caminos que me llevaron a sentir lo alegre de la vida,
y que si todo en mi vida tuve muchos porqués,
unos malos y la mayoría buenos los que me hicieron
amar la vida y odiar los malos momentos,
sé que la vejez me ha llegado con todos sus problemas,
y que la muerte me puede llegar a mí sin saber cuando,
pero yo quiero seguir atado a esta hermosa vida,
vida que he tenido y que estuvo llena de tantos
actos de amor y sí pocos de odios,
por lo que yo mismo me imploro vivir,
que me debo convencer de aprovechar de esos momentos,
que la vida me puede pagar el haber venido a ella,
pagarme principalmente con amor y alegrías,
que por eso debo esperar cada amanecer de cada día,
porque como en el pasado estarán llenos de todo,
y que las tragedias puede la vida evitarlas,
para mí sí son grandes que por eso debo tener mucha
atención en mi vivir.

Dando gracias por nuestras vidas   09-11-21

¿Con qué puedo llenar tu corazón y tu vida?,
para ver en ti que mi amor es lo que esperas,
que cada día para mí a tu lado es la gloria,
y que yo siempre es lo que espero de ti,
que puedas gozar la vida como si estuvieras en la gloria,
que cada día y cada noche que tu amor me das,
para mí es llenar mi vida de toda la felicidad posible,
porque tú me dejas tan contento con tu amor y tu pasión,
que por eso para mí cada día el despertar es esplendoroso,
porque aparte de la alegría que siento en cada nuevo día,
tú amor lo llena más con todas las atenciones para estar
contentos de vivir juntos con ese amor que nos tenemos,
y que salir a cumplir con nuestros deberes es grandioso,
porque eso nos trae la tranquilidad que nuestras vidas piden,
porque hemos sido muy afortunados hasta ahora,
que sabemos que mucha gente sufre de miserias, insalubridad
muerte, hambre, pero que nosotros hemos sido afortunados hasta hoy,
por lo que debemos disfrutar de la vida hasta donde podamos,
que debemos seguir dando gracias y disfrutar nuestro vivir y amándonos siempre.

La vida del Trabajador   09-11-21

En mi vida siempre traté de superarme a mí mismo,
y sé que uno nunca debe rendirse en sus metas,
que uno debe enfrentar solo los malos momentos con valor,
pero nunca perder la iniciativa de lograr mis propósitos,
de esta manera enfrenté los problemas en la Escuela Naval Militar,
ahí las cosas no fueron fáciles de enfrentar,
y fué para mí una forma de vencer mis temores físicos y mentales,
fué también una etapa muy motivadora por los Desfiles,
las Ceremonias, Los viajes de prácticas, y fue una gran enseñanza,
para saber enfrentar la vida con valor y aunque no me gradué ahí,
si me sirvió a mí para tratar de estudiar una Profesión como fué la
de Ingeniería Mecánica Eléctrica y aunque no la terminé también,
para desarrollar trabajos como Jefe de Mantenimiento de una Impresora,
manejar una Constructora en AHMSA en la instalación de un molino
desbastador como Ing. residente y luego como Ing. de ventas en GE de Mex.
y después Gerente de uno de sus talleres y también la construcción de un
taller de Embobinados eléct. y hasta poner mi propio negocio, pero la mala
economía de México me hizo venir a probar suerte en USA y logré llegar
a ser Técnico electricista en Locomotoras en AMTRAK, tratando de
vencer todo para destacar y lograr buenos trabajos.

AMTRAK

09-11-21

Un viaje a los sueños es lo que he tenido,
el viaje más emocionante en tren que tuve fué,
desde Los Angeles Ca. Chicago, Erie Pen.
la emoción fué enorme porque era mi segundo viaje a la
Fabrica de Locomotoras de GE para entrenamiento,
y ese entrenamiento me llenó de grandes ideas,
ideas e ilusiones que llegaron a marcar los últimos años
de trabajo para mí que hoy combinando con los grandes
conciertos que escucho, los recuerdos del trabajo cuando regresé
de ese viaje y que al tener prácticamente la calificación por
el entrenamiento que inclusive seguí teniendo en Los Angeles
me dieron el calificativo laboral de Inspector Federal de los
Ferrocarriles de Pasajeros de AMTRAK llenándome de orgullo
y satisfacción porque mi trabajo llego a ser tan importante que
sin mi firma el tren no salía porque yo inspeccionaba las Loco
motoras y que fué lo que más me llenó de alegría, pero que cierta
incompetencia del sistema me provocó un daño tremendo en la
columna vertebral y a pesar de los peligros que llego a representar
para mí, la cirugía para reparar este daño pedí una segunda opinión
y esa fué la que me permitió seguir viviendo, porque el Dr. me recomendó
no me operara por el alto riesgo de muerte AMTRAK ya no
me acepto para seguir trabajando con las limitaciones que me
dió el Dr. A pesar de todo el entrenamiento que me dieron,
y con gran tristeza me tuve que resignar a la jubilación,
por lo que hoy me dedico a escribir.

¿Recuerdos?   11-11-21

¿Cómo es posible que los recuerdos lo amarguen a uno?
y no pueda uno dejar de pensar en ellos,
especialmente cuando son de tragedias y nada alegres,
porque cuando veo las calles de la Ciudad de México,
los recuerdos brotan en mi mente y no dejo a veces de llorar,
aunque no se me vean lágrimas, pero por dentro de mi están,
porque yo no veo el presente sino que me veo en el pasado,
especialmente en esas calles que recorrí aun desde niño,
esos recorridos con mi madre agarrado de su mano,
o después cuando solo me paseaba en los tranvías,
tanto para ir a trabajar o ir a la Escuela Primaria o secundaria,
y luego esos desfiles en los que participé en la Escuela Naval,
aquellos gritos y aplausos que nos daba la gente,
en aquellas ceremonias donde hacíamos Guardia,
mis paseos acompañado de mis hijas cuando vivimos ahí,
las salidas diarias cuando trabaje en General Electric de M.
y por supuesto los viajes al interior del país en avión,
tantos recuerdos que hoy en los noticieros veo las mismas calles,
y es cuando la tristeza me invade por no poder ahora hacerlo,
porque la vejez me ha llenado de enfermedades,
y los viajes para mí casi se han acabado,
y más cuando sé de tanta de mi gente que se ha ido,
y que ahora con el virus está uno más restringido para viajar,
por eso ahora el solo ver las noticias por medio de laTelevisión
es lo que puedo hacer y así mis ojos se llenan de lágrimas.

La miseria y yo

11-11-21

¿Cómo buscar un amor como el tuyo?
Si con tus acciones y tu desamor me dejaste,
cómo poder vivir en esta soledad en que me has hundido,
yo que a tí te consideré la mujer más hermosa de mi vida,
que todos tus actos me llenaban de vida y dulzura,
que sé que mi miseria ha sido muy difícil para ti,
porque esa no ha sido tu forma de vivir,
que siempre me apoyabas y me aconsejabas a buscar
un mejor empleo, pero mi terquedad, mi ignorancia no me ayudo,
y que hoy que de mí te has alejado me pregunto,
tontamente que porqué lo has hecho,
si yo te amaba tanto y hacía todo porque llenara tu deseo del amor,
pero estúpido de mí, no me daba cuenta de lo que realmente deseabas,
que era salir de esta miseria, que por eso te negabas a procrear familia,
y yo un verdadero estúpido no lo entendía,
y claro hoy que me has abandonado,
veo que ya es demasiado tarde para cambiar,
cambiar mi forma de ser y de vivir,
hoy veo que puedes considerarlo una mentira,
cada frase que te exponga de lo que voy a cambiar,
no lo creerás y entiendo que tendré que buscar la resignación,
y a perder tu amor

Cumplir mis deseos   11-11-21

Cómo me aterra no cumplir con mis deseos,
que hoy al escribir un libro de Pensamientos,
hoy veo que no lo estoy haciendo como debería,
que la rima de mis frases no enlazan mis palabras,
que por eso debo buscar cómo aclarar mi mente,
que deje de pensar en errores cometidos
que piense en ese cariño real,
hoy veo que me lleno de tantos deseos de realizar mis metas,
que hoy los enlazo con mis Pensamientos,
porque nunca dejo cubrirme en las sombras,
y siempre me pregono no ser mi tormento,
porque como ella siempre me demostró cunto me amaba,
y que por eso no debo poner mi mente en vacío de mis ideas,
que hay mucho que pensar y que si no me pondré a llorar,
por pensar que mi vida no ha valido la pena,
principalmente por no dedicarme a escribir bien,
porque motivos tengo muchos para aprovechar transcribirlos,
llenando mi mente de recuerdos de cosas memorables,
porque tengo tantas cosas para recordarlas todas,
que debo acordarme de todos los pasajes divinos que viví,
que debo decir cuánto quiero a mis seres amados,
que ese amor que tanto se ha dedicado para mi felicidad,
y que su principal rival es mi tristeza y rencores,
por todo lo que viví y que ella ha hecho tanto para borrarlos,
que ella me seguirá amando hasta su muerte.

Los consejos de mis Abuelos 11-11-21

Hoy pienso y veo que yo nací bendecido,
mi vida estuvo llena de tantos momentos inolvidables,
que poco a poco los fui reviviendo en mi mente,
que todo se fue sumando para ver cómo las tragedias
fueron desapareciendo de mi vida,
los principales parientes que me amaron, nunca me dejaron,
para ellos siempre era borrar de mi memoria mis sufrimientos,
y que conforme fui creciendo todos esos seres que solo deseaban
verme sufrir, y que mis Abuelos me dieron tantos consejos para
facilitar mi vida, para que creciera buscando buenas metas,
y sí con esos consejos propositivos mi vida se fué llenando de logros,
que fuí logrando tantos momentos inolvidables en las Escuelas,
en mis viajes y el gran objetivo fué entrar a esa H. Escuela Naval Militar,
donde Ceremonias, Desfiles, Viajes de prácticas, experiencias amorosas
en los puertos que visitábamos, y que llenaron esos huecos en mi
vivir llenándolos de motivaciones.
y luego mi carrera de trabajos y empleos con los que viví,
y que las palabras de mis Abuelos se volvieron realidades,
y una hermosa familia formé,
por eso hoy, a través de tantos años la felicidad en mi vida me envuelve
como en un paraíso donde se cumplieron los mejores deseos de mi vida.

El final de este libro   11-11-21

¿Un libro más?
Y hoy como con mis anteriores libros, la emoción es enorme,
ya he terminado de escribir este nuevo libro,
que dentro de esta Pandemia por el COVID,
nos ha llenado de pánico y horror por tanta muerte,
que aunque me he ayudado escuchando la música,
hoy siento mucho dolor por ver cómo millones han muerto,
y que la terquedad en alguna gente para combatirlo sigue,
muchos miles, que no sé cómo llamarlos todavía no han querido
vacunarse que es un logro Científico extraordinario,
y lo más cómico o trágico es saber de miles
que no se han vacunado han caído en los Hospitales
y que algunos que no murieron son los que ahora les piden
a la gente que se vacunen,
pero por todo lo que he vivido el traer mi historia a mis escritos
me llena de orgullo que pronto se imprima,
sólo espero que el prólogo pronto me lo entreguen para completarlo
y yo en parte he dedicado este libro a Filipinas,
y de esta manera doy otra vez gracias infinitas a quienes
obtengan y lean mis libros,
nuevamente con todo mi afecto y respeto a mis lectores,
MUCHAS GRACIAS

ÍNDICE

Sobre el autor

Manuel Hurtado E. Nació y creció en Morelia la capital del estado de Michoacán México antiguo Cadete Naval de la HENM viajo por todo México durante varios años antes de establecerse en Monterrey, Nuevo León México ahí conoció al amor de su vida y esposa por 52 años María Evangelina. Es un devoto y orgulloso padre, Abuelo de 5 hermosas hijas inteligentes, dos nietos cuatro nietas y un bisnieto. Habiendo emigrado a su familia a los Estados Unidos en 1987 se estableció en los Suburbios de Los Angeles California y trabajo como Técnico electricista en Locomotoras en los Ferrocarriles de pasajeros durante 14 años. Desde entonces se ha retirado y ahora pasa su tiempo haciendo jardinería y escribiendo y lo más importante, viendo a su familia seguir creciendo y prosperando. Es autor de 9 libros, Incluidos 6 libros de prosa poética y tres novelas

Crédito fotográfico Catalina Hurtado

Portada Las tarascas de Morelia Mich. México
Contra portada Filipinas

Printed in the United States
by Baker & Taylor Publisher Services

Printed in the United States
by Baker & Taylor Publisher Services